Alexandra De Vaux

Histoire

Cycle 3

CE2 CM1 CM2

Sous la direction de
Sophie Le Callennec
Professeur d'histoire-géographie

Françoise Martinetti
Agrégée d'histoire, chargée de cours à l'IUFM de Nice

et

Laurence Rolinet
Professeur formateur en CFP

HATIER

Conception	Christian Blangez
Mise en page	Couleur 4
Cartographie	Edigraphie
Illustrations	Amélie Veaux Bruno Le Sourd Sidonie Van den Dries

ISBN : 2-218-73034-0

Avant-propos

Ce manuel d'histoire, conforme aux nouveaux programmes officiels, est destiné aux élèves du cycle 3. Le niveau de vocabulaire, l'acquisition des notions essentielles et le découpage par chapitres tient compte d'une progression par classe:

– Le premier tiers (de la Préhistoire à la Gaule) est adapté au niveau des élèves de CE2; le premier chapitre, en particulier, leur permet de consolider les acquis du cycle 2: repères dans le temps, lecture de frises chronologiques, découpage du temps en grandes périodes.

– Le deuxième tiers (de la naissance de la France à la monarchie absolue) est dédié aux élèves de CM1.

– Le troisième tiers (de la Révolution française à nos jours) convient aux élèves de CM2.

Chaque chapitre est organisé autour de plusieurs thèmes, traités par doubles pages, sous forme de « leçons » ou de « dossiers ». Chaque double page, claire, précise mais synthétique, est complétée par un lexique, qui fait l'objet d'un récapitulatif en fin d'ouvrage.

Ce manuel offre une large place à l'illustration: photographies fléchées (pour guider l'observation), schémas, cartes... Des questions d'observation (signalées par une puce bleue ●) et des questions de réflexion (signalées par une puce rouge ●) permettent une large exploitation de ces documents.

L'équilibre entre le texte et l'illustration permet à l'enseignant de choisir son approche: à partir de la leçon en s'appuyant sur les documents, ou à partir des documents pour construire la leçon avec sa classe.

Chaque chapitre s'achève par un exercice et les résumés de chaque leçon du chapitre.

Le manuel est complété par un atlas historique qui permet aux élèves d'avoir toujours sous les yeux les chronologies et les cartes dont ils ont besoin, sans avoir à feuilleter le manuel.

Tout au long de l'ouvrage, nous avons accordé une attention particulière à la présentation du travail de l'historien, pour initier les élèves aux réalités historiques qui les entourent et les faire participer à la construction de leur savoir. Plusieurs leçons sont donc consacrées aux sources de l'histoire (vestiges archéologiques, textes, monuments et art, monnaies, photographies...) en lien avec les thèmes abordés dans le déroulement logique de l'ouvrage.

Sophie Le Callennec

Table des matières

Se repérer dans le temps

L'histoire est l'étude du passé, de tout ce qui nous a précédés. Elle s'intéresse aux événements et à la manière dont les hommes vivaient autrefois.

La place de la Bastille à Paris, vers 1900 et de nos jours

● Nomme toutes les différences entre ces deux photos : les bâtiments, les monuments, les moyens de transport, la circulation.

1. La mesure du temps

Quand on étudie le passé, il est nécessaire de savoir si un événement s'est produit il y a très longtemps ou récemment, s'il a eu lieu avant ou après un autre événement.
C'est pourquoi les hommes ont inventé des mesures pour se repérer dans le temps : jours, semaines, mois, années…

1 Les jours, les semaines, les mois et les années

Une journée correspond au temps que met la Terre pour faire un tour sur elle-même.
Une année correspond au temps que met la Terre pour faire un tour complet autour du Soleil.
Il y a 365 jours dans une année, c'est-à-dire que la Terre tourne 365 fois sur elle-même en même temps qu'elle tourne une fois autour du Soleil.
Il y a 7 jours dans une semaine et 52 semaines dans une année.

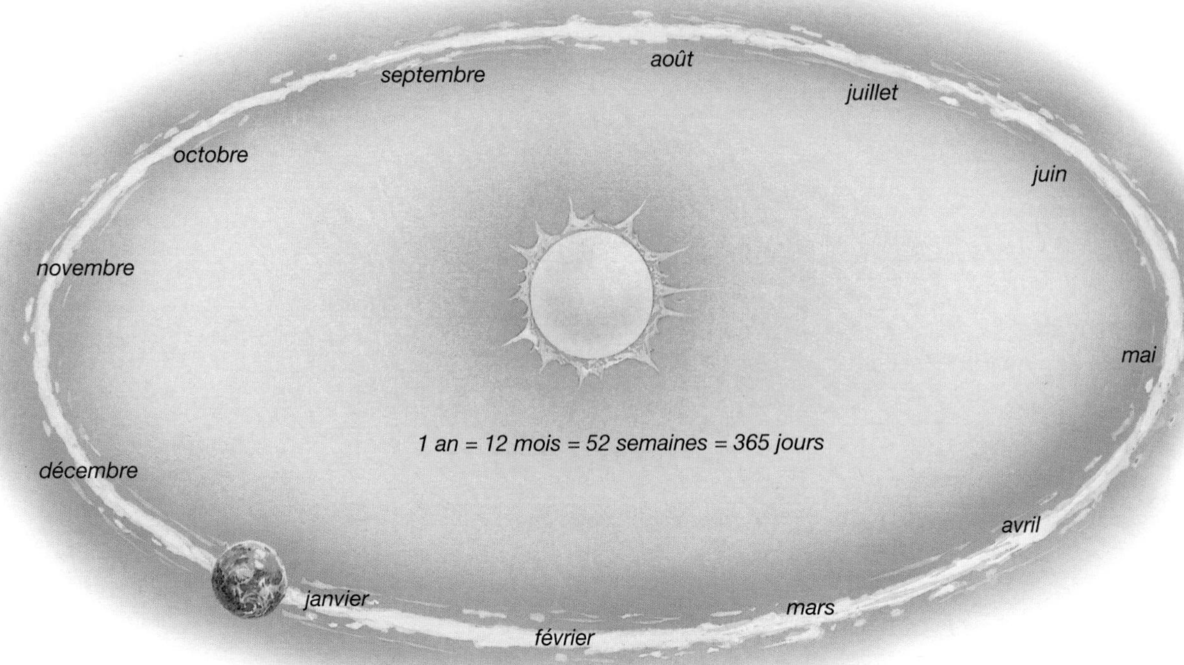

2 Des mois de longueurs différentes

Il y a 12 mois dans l'année.
Certains comptent 30 jours, d'autres 31 jours ; seul le mois de février est plus court que les autres : il a 28 jours, parfois 29.
Pour retrouver le nombre de jours dans un mois, tu peux te servir de tes deux poings : quand tu cites un mois sur une bosse, il a 31 jours ; quand tu cites un mois dans un creux, il a 30 jours (sauf pour février).

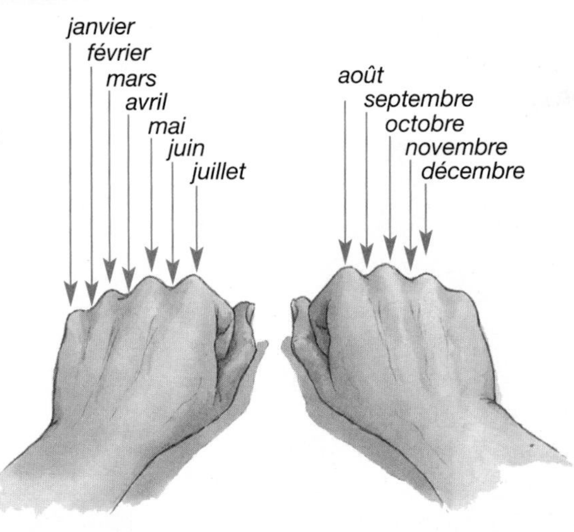

- **Nomme les mois de l'année.**
- **Combien y a-t-il de jours en mars ? en juillet ? en novembre ?**
- **Quels sont les deux mois de 31 jours qui se suivent ?**

3 Les années bissextiles

Dans sa course autour du Soleil,
la Terre prend chaque année un léger retard : il lui faut 365 jours et presque 6 heures pour faire un tour complet.
Au bout de quatre ans, la Terre a donc 24 heures de retard, c'est-à-dire un jour.
Pour lui permettre de rattraper ce retard, une année sur quatre, on ajoute un 366e jour au calendrier : c'est le 29 février.
Les années de 366 jours sont appelées « années bissextiles ». 2004, 2008, 2012... sont des années bissextiles.

- **Comment appelle-t-on les années dont le mois de février comporte 29 jours ?**
- **Les années suivantes sont-elles bissextiles : 2016, 2018, 2020 ?**
- **Quelle sera la prochaine année bissextile ?**
- **Si un enfant est né le 29 février 2000, quand fête-t-on son premier anniversaire ?**

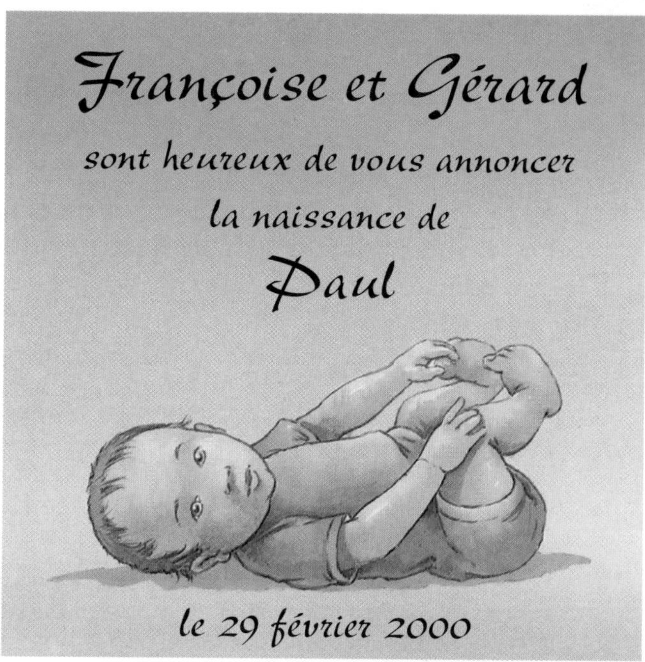

4 Les siècles et les millénaires

Suivant le temps que l'on mesure, on ne choisit pas les mêmes unités :
la durée d'une course à pied se mesure en secondes ; l'âge d'une personne se compte en années...
Les historiens utilisent d'autres unités pour mesurer des temps très longs :
le siècle qui dure 100 ans, et le millénaire qui dure 1 000 ans.

- **Marie-José Pérec est championne du monde de course à pied (1).**
A partir de quand lance-t-on le chronomètre pour calculer le temps de sa course ? Quand l'arrête-t-on ?
Pourquoi utilise-t-on les secondes pour mesurer le temps de sa course ?
- **Cet homme a 101 ans (2) : a-t-il vécu plus d'un siècle ou moins d'un siècle ?**
- **Cette statue en terre cuite a été retrouvée dans une tombe en Chine (3).**
Elle est vieille de plus de 2000 ans : combien cela fait-il de siècles ? de millénaires ?

voir résumé p. 16

2. La date

La date permet de situer un événement dans le temps, de manière précise. Pour cela, on choisit un point de départ. En effet, lorsque l'on veut mesurer une longueur avec la règle, on calcule toujours à partir du zéro de la règle. De même, la date se calcule à partir du point de départ que l'on a choisi.

1 La naissance de Jésus

(peinture de Maurice Denis, 1870-1943, Toulouse, musée des Augustins)

En France, on utilise pour point de départ du calendrier la naissance de Jésus-Christ, en l'an 1 (il n'y a pas d'année 0 : c'est comme si la règle graduée commençait à 1). Ainsi, la Révolution française de 1789 a eu lieu la 1789ᵉ année après la naissance de Jésus. La date complète comporte le nom du jour de la semaine, le numéro du jour dans le mois, le nom du mois et l'année, c'est-à-dire le nombre d'années écoulées depuis la naissance de Jésus. Par exemple, le premier jour de l'an 2000 est le samedi 1ᵉʳ janvier 2000.

- **Quelle est la date d'aujourd'hui ?**
- **Depuis combien de temps la naissance de Jésus a-t-elle eu lieu ?**

2 Avant notre ère

(statue gauloise, 1ᵉʳ siècle, Beauvais, Musée départemental)

On peut aussi déterminer la date des événements qui ont eu lieu avant la naissance de Jésus. Par exemple, les Romains ont battu les Gaulois à Alésia 52 ans avant la naissance de Jésus : on dit que cet événement a eu lieu en 52 avant Jésus-Christ ou en 52 avant notre ère (on écrit – 52 ou 52 av. J.-C.).

- **Que signifient les dates suivantes : 1492 ? 496 ? 1314 av. J.-C. ? –1100 ?**

3 Compter les siècles

Le premier siècle commence avec la naissance de Jésus-Christ et se termine en l'an 100.
Le deuxième siècle commence donc en l'an 101 et se termine en l'an 200, et ainsi de suite.

Pour trouver le siècle à partir d'une date, on prend le nombre de centaines d'années dans la date et l'on ajoute 1.

Par exemple: 1 4 **9 2**
\+ 1
—
1 5   1492 est au 15e siècle

Mais l'année 100 appartient au 1er siècle, l'année 200 au 2e siècle et l'année 2000 au 20e siècle.

On peut aussi compter les siècles avant notre ère: 52 av. J.-C. appartient au premier siècle avant notre ère.

On compte les millénaires de la même manière: le 1er millénaire va de l'an 1 à l'an 1000; le 2e millénaire va de l'an 1001 à l'an 2000 et le 3e millénaire commence le 1er janvier 2001.

- **A quel siècle appartient chacune des dates suivantes: 1515 ? 1848 ? 1968 ? 1314 av. J.-C. ?**
- **A quel millénaire appartiennent-elles ?**

4 Les chiffres romains

En histoire, on utilise beaucoup les chiffres romains: pour compter les siècles et les millénaires, pour nommer les rois et les distinguer les uns des autres.

Par exemple, on écrit Henri IV pour désigner le 4e roi qui a porté le nom d'Henri.

I	1	VII	7	XIII	13	XIX	19
II	2	VIII	8	XIV	14	XX	20
III	3	IX	9	XV	15	XXI	21
IV	4	X	10	XVI	16	XXII	22
V	5	XI	11	XVII	17	XXIII	23
VI	6	XII	12	XVIII	18	etc.	

Si l'on met deux chiffres semblables côte à côte, on les additionne: par exemple, II (1 + 1) = 2.

Si l'on met un petit chiffre après un grand, on les additionne aussi: par exemple, XI (10 + 1) = 11.

Mais si l'on met un petit chiffre avant un grand, on le soustrait: par exemple, IX (1 ôté de 10) = 9.

- **Nomme les rois dont le portrait se trouve sur cette page.**
- **Combien de rois ont porté le nom de Louis avant Louis XVI ?**
- **Écris en chiffres romains: 13e siècle, 18e siècle, 4e siècle avant Jésus-Christ, 3e millénaire.**

Louis IX, dit saint Louis, enluminure du XIVe siècle

Henri IV, tableau du XIVe siècle

Louis XVI, tableau du XVIIIe siècle

voir résumé p. 16

3. Les calendriers

Dans notre calendrier, l'année a 365 jours (sauf les années bissextiles).
Il y a 12 mois dans une année et 7 jours dans une semaine.
Mais il existe d'autres calendriers, c'est-à-dire d'autres systèmes pour diviser le temps et déterminer la date.

1 Le calendrier musulman

Dans notre calendrier, le point de départ choisi est la naissance de Jésus-Christ. Les musulmans comptent les années à partir du départ du prophète Mohammed (ou Mahomet) de La Mecque vers Médine en 622.

- **Pourquoi deux années différentes sont-elles inscrites sur ce calendrier ?**
- **Peux-tu tout lire sur ce calendrier ? Pourquoi ?**

2 Le Nouvel An chinois dans les rues de Paris

Dans le calendrier français, l'année commence le 1er janvier.
Chez les Chinois, le Nouvel An est célébré lors de la fête du Têt, au milieu du mois de janvier.
A cette occasion, on organise des défilés de « dragons » et on fait exploser des pétards.

- **A quoi vois-tu que cette fête se déroule en France ?**

Le repas de la nouvelle année juive comporte des mets doux pour que la nouvelle année soit douce et des choses amères pour effacer l'amertume de l'année passée:

sauce au raifort – *vin* – *grenade* – *pomme* – *confiture d'ail* – *miel*

Le pain et le sel sont cachés sous la serviette.

Shana Tova *signifie « bonne année » en hébreu.*

3 Le Nouvel An juif

Le calendrier juif commence en 3761 av. J.-C., date longtemps considérée comme celle de la création du monde. De ce fait, l'an 2000 pour les chrétiens représente l'an 5760 dans le calendrier juif. Roch Hachana est la fête qui marque le début de l'année dans le calendrier juif. L'année juive a tantôt 12 mois tantôt 13 mois qui comptent chacun entre 24 et 30 jours.

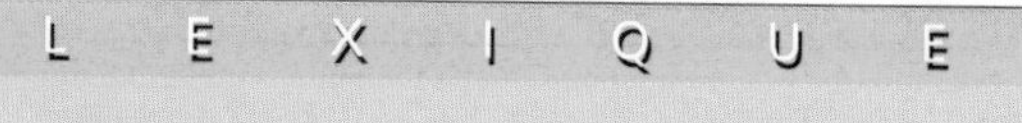

L E X I Q U E

l'hébreu: la langue de la religion juive.

les musulmans: les personnes dont la religion est l'islam.

4 Le calendrier grégorien

C'est Jules César, grand général romain, qui a établi les bases de notre calendrier, en 46 av. J.-C. Il a donné aux mois les noms que nous leur connaissons. Par exemple, octobre signifie huitième mois... Il a également fixé la semaine à 7 jours. Par exemple, lundi signifie jour de la Lune, mardi celui de Mars... En 1582, le pape Grégoire XIII a légèrement modifié ce calendrier qui est alors devenu le calendrier grégorien: le nôtre.

● **Pourquoi notre calendrier s'appelle-t-il le « calendrier grégorien » ?**

voir résumé p. 16

4. La frise chronologique

Les historiens et les géographes utilisent les cartes
pour représenter et localiser l'espace qu'ils étudient.
De même, les historiens ont besoin de représenter les périodes
qu'ils étudient pour comprendre le déroulement du temps et dater les événements :
ils utilisent un schéma appelé « ligne du temps » ou « frise chronologique ».

1 La ligne de vie par âge

Pour représenter la vie d'une personne, on peut tracer une ligne de vie sous la forme d'un ruban.
Sur ce ruban, le passé se trouve à gauche et le présent à droite ;
il se termine par une flèche pour indiquer le futur.
Cette ligne de vie est celle d'un enfant de 5 ans.
Sa naissance est située à gauche et son âge actuel à droite. Chaque case représente une année.
Au-dessus de chaque case, on peut lire l'âge qui correspond à cette année-là.

- **A quel âge cet enfant a-t-il appris à faire de la bicyclette ?**
- **Quel âge avait-il quand il a commencé à marcher ?**
- **Qu'a-t-il appris d'abord : à nager ou à faire de la bicyclette ?**
- **Les événements les plus récents se trouvent-ils à gauche ou à droite de sa ligne de vie ?**

2 La ligne de vie par année

Sur la ligne de vie d'une personne, on peut écrire les années correspondant à chaque époque.
Voici la ligne du temps correspondant à la vie d'une personne née en 1970.

- **Quand cette personne est-elle née ?**
- **Qu'a-t-elle fait entre 1985 et 1990 ?**
- **A quel âge s'est-elle mariée ?**
- **Quel âge aura-t-elle en 2050 ?**

3 La frise chronologique courte

Les historiens représentent l'histoire d'un pays ou d'une région sur des frises chronologiques qui ressemblent à des lignes de vie par date. Voici la frise chronologique représentant la succession des présidents de la Ve République en France.

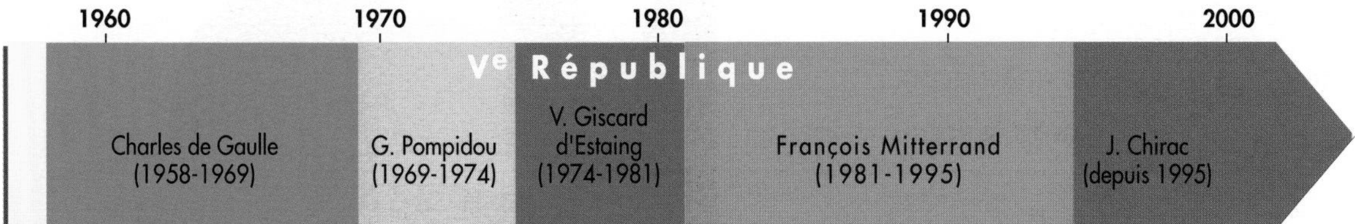

- **Comment s'appelle l'actuel président de la République ?**
- **Quel a été le premier président de la Ve République ? Qui lui a succédé ?**
- **En quelle année Valéry Giscard d'Estaing est-il devenu président de la République ?**
- **Quelle a été la dernière année de la présidence de François Mitterrand ?**

Il est très important de respecter la taille accordée à chaque période. Par exemple, sur cette frise, une année correspond à 3 mm environ. De cette façon, on peut facilement comparer deux périodes : la partie la plus large sur la frise correspond à la période la plus longue.

- **Quel président est resté le plus longtemps au pouvoir ? Comment le sais-tu ?**
- **Quel président est resté le moins longtemps ? Comment le sais-tu ?**

4 La frise chronologique longue

Une frise chronologique représente souvent des périodes beaucoup plus longues : plusieurs siècles voire plusieurs millénaires.
Mais on n'a pas la place d'écrire toutes les années (pour un millénaire, il faudrait en écrire 1000).
On choisit alors d'écrire les siècles ou les millénaires.
On peut aussi placer, entre les dates, le numéro des siècles.
Voici la frise chronologique qui représente l'histoire de France depuis l'an 1.

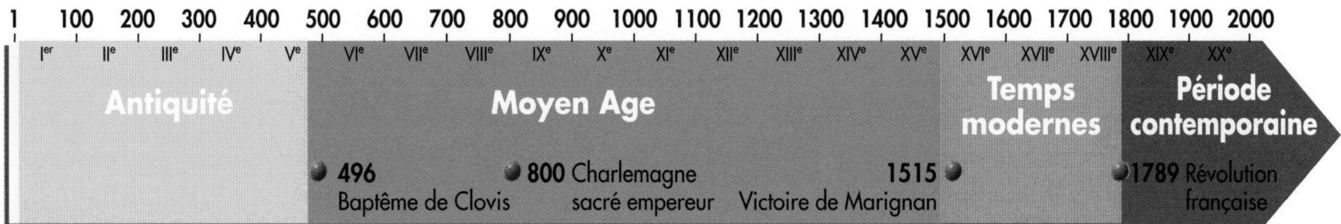

- **Comment s'appelle la première période de l'histoire de France ?**
- **Dans quelle période sommes-nous actuellement ?**
- **Quand le Moyen Age a-t-il commencé ?**
- **A quelle période appartient le XVIIe siècle ?**

On a parfois besoin de situer des événements sur une frise chronologique. Par exemple, sur cette frise, on a placé la Révolution française de 1789. Pour que l'on sache bien qu'il ne s'agit pas d'une longue période (comme le Moyen Age) mais d'une date précise, on écrit cette date sur la frise chronologique et on place un point ou une croix à l'endroit correspondant.

- **Que s'est-il passé en 496 ? en 1515 ?**
- **Quand Charlemagne est-il devenu empereur ? Durant quelle période était-ce ?**

voir résumé p. 16

Exercice

1. Dessine ta propre ligne de vie.

Pour cela, trace un ruban:
sa hauteur doit être de deux carreaux et sa largeur de deux carreaux pour chaque année de ta vie.
Termine-la à droite par une flèche.

Trace un trait vertical dans le ruban tous les deux carreaux.

Au-dessus de chaque trait, écris l'âge correspondant comme sur le modèle de la page 14:
1 an; 2 ans...
Dans chaque carré, dessine ce que tu faisais ou comment tu étais à cette époque (tu peux aussi coller une petite photo).

Attention, ne te trompe pas:
entre 0 et 1 an, tu étais un bébé de moins de 1 an;
entre 5 et 6 ans, tu avais 5 ans.

Complète ta ligne du temps en écrivant au-dessous les années correspondant à chaque âge.

2. Cette personne est née en 1896. ▶

Quel âge a-t-elle?

En quel siècle est-elle née?

En quel millénaire est-elle née?

Résumés

Se repérer dans le temps

La mesure du temps

Une année comporte 365 jours (366 jours pour les années bissextiles). Un siècle comporte 100 années et un millénaire 1 000 ans.

La date

La date permet de situer un événement dans le temps. Le calendrier démarre à la naissance de Jésus (c'est l'an 1).

Les calendriers

Les calendriers juif, musulman ou chinois ne démarrent pas à la naissance de Jésus et sont découpés de manière différente.

La frise chronologique

Pour représenter le déroulement du temps, les historiens tracent des frises chronologiques. Le passé est à gauche, le présent à droite.

La Préhistoire 2

de – 3 millions d'années à 8000 ans av. J.-C.

*Il y a 3 millions d'années environ,
les premiers hommes commencent à peupler la Terre.
Cette période très ancienne du passé s'appelle la Préhistoire.*

La « dame de Brassempouy », sculpture préhistorique
(musée de Saint-Germain-en-Laye).

- Sur la carte 1 de l'atlas, situe Brassempouy.
- Décris le visage et la coiffure de cette femme.
- Les dinosaures ont disparu il y a 65 millions d'années : les hommes préhistoriques ont-ils pu les voir ?

Les vestiges, sources de l'histoire

1. Le travail des archéologues

Il n'existe pas de textes datant de la Préhistoire, car les hommes de cette époque n'utilisaient pas l'écriture. Nous connaissons donc la Préhistoire uniquement par les vestiges découverts par les archéologues.

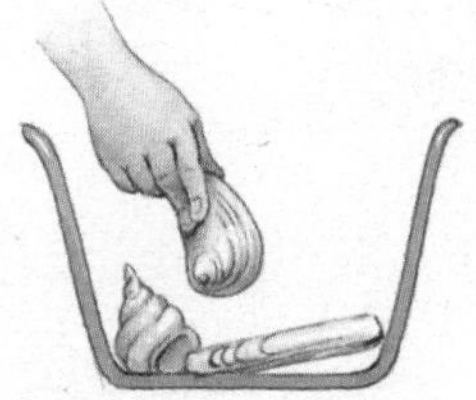

31 août: le retour de vacances

Il y a 2 millions d'années

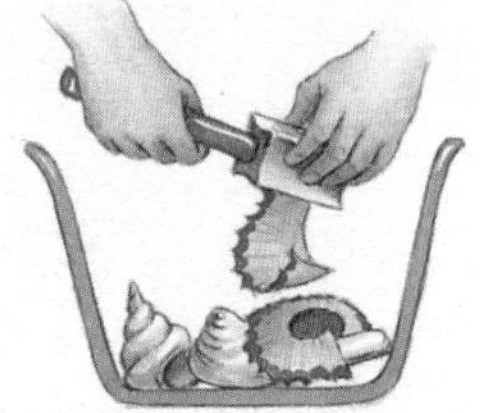

2 septembre: la rentrée des classes

Il y a 100000 ans

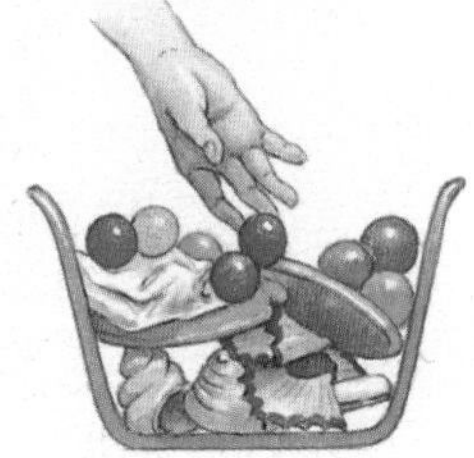

10 octobre: un jour d'école

Il y a 10000 ans

31 décembre: le grand rangement

De nos jours

1 Dans ce vide-poches, les objets déposés il y a longtemps se trouvent en dessous. Ceux déposés récemment sont au-dessus. Quand on retire les objets, on trouve donc d'abord les plus récents.

- **Quel objet a été mis en dernier dans le vide-poches?**

Les hommes qui ont vécu successivement dans ce lieu ont laissé des traces de leur passage (objets jetés, perdus, abandonnés). Peu à peu, les vestiges ont été enfouis dans le sol: les objets les plus anciens ont été enfouis profondément dans le sol. Les plus récents se trouvent au-dessus. Chaque « étage » du sol est appelé « couche archéologique ». Comme dans le cas du vide-poches, les archéologues trouvent en premier les objets les plus récents.

- **Quel objet l'archéologue trouve-t-il en premier? Pourquoi?**
- **Quel objet trouvera-t-il en dernier?**

2 Chantier de fouilles à Plouhinec en Bretagne

Quand ils ont repéré un site, c'est-à-dire un endroit riche en vestiges, les archéologues organisent des fouilles. C'est un travail long et très minutieux.

- **Pourquoi les archéologues prennent-ils tant de précautions lors des fouilles ?**
- **Pourquoi notent-ils les endroits précis où ils trouvent les vestiges ?**

Les archéologues divisent le site en carrés, délimités par des cordes et numérotés : de cette façon, les fouilles sont méthodiques et ils peuvent noter l'emplacement de chaque objet.

Cet instrument sert à mesurer la profondeur à laquelle on trouve les vestiges.

Les archéologues dégagent les vestiges en grattant délicatement le sol avec des instruments de petites dimensions comme des grattoirs, des pinceaux, des spatules et des brosses.

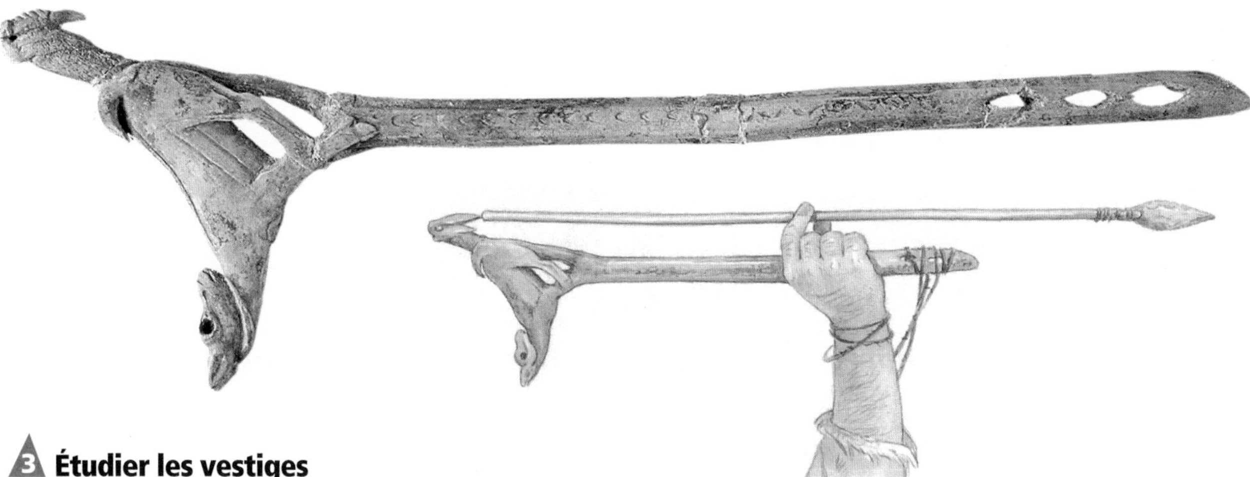

3 Étudier les vestiges

Chaque objet découvert dans le sol est un indice du passé. Des spécialistes déterminent l'ancienneté et la nature de chaque objet. Cela leur permet de comprendre et d'imaginer comment les hommes d'autrefois vivaient. Par exemple, des archéologues ont découvert cet objet en bois de renne. Ils pensent que c'est un propulseur : on plaçait le manche d'une flèche dans la pointe puis on la lançait avec force.

- **Quel animal est sculpté sur ce propulseur ?**

L E X I Q U E

un archéologue : un savant qui étudie les traces laissées par les hommes du passé.

un site : pour les archéologues et les historiens, un endroit riche en vestiges du passé.

des vestiges : des traces du passé.

voir résumé p. 26

2. Les premiers hommes

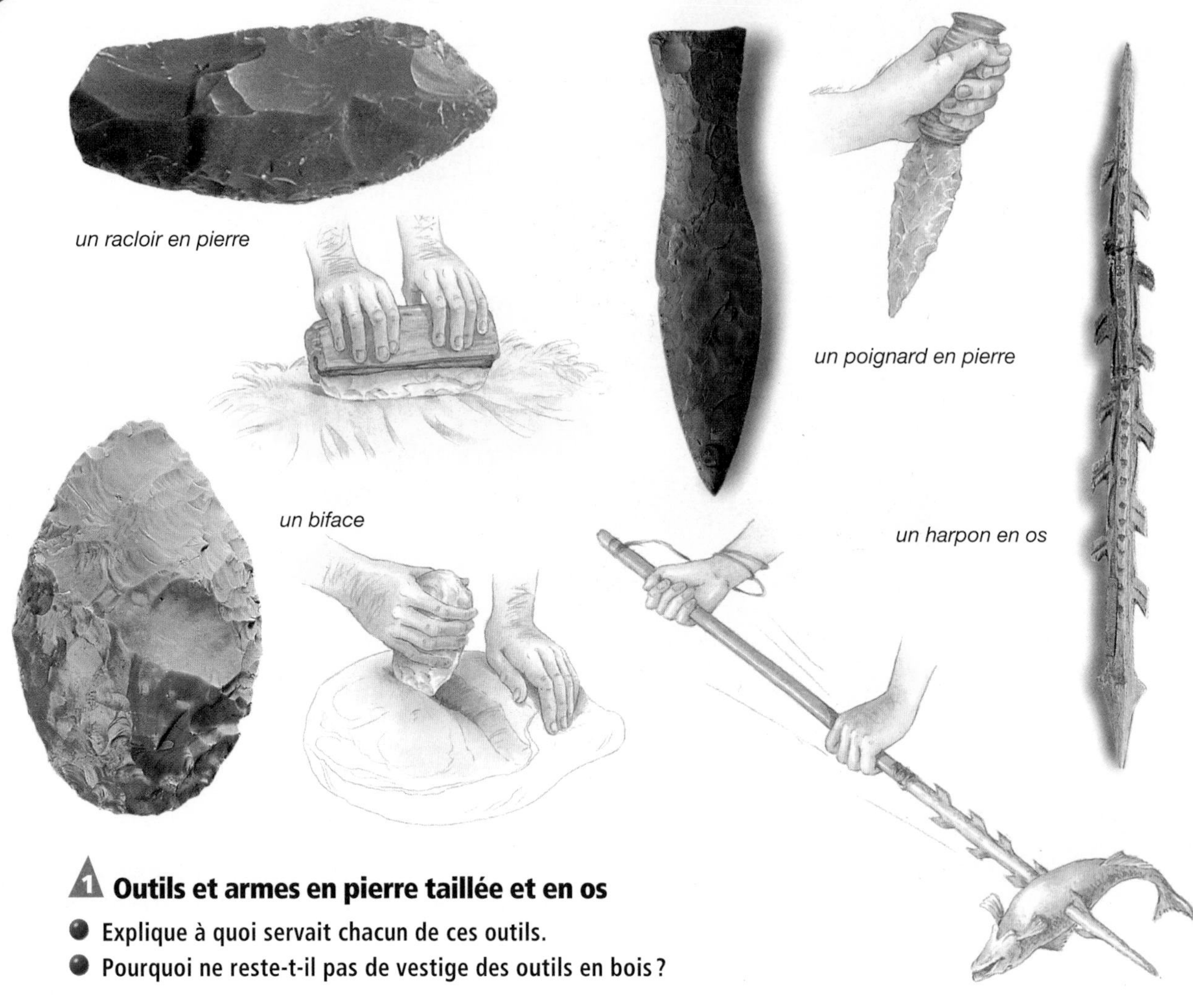

1 Outils et armes en pierre taillée et en os

- **Explique à quoi servait chacun de ces outils.**
- **Pourquoi ne reste-t-il pas de vestige des outils en bois ?**

■ Les vestiges de la Préhistoire

Il reste peu de vestiges datant de la Préhistoire: avec le temps, ils ont été perdus ou détruits. On ne trouve plus que quelques ossements, des outils, des armes... Nous savons donc peu de choses sur la vie des premiers hommes.

■ L'origine de l'Homme

Les vestiges humains les plus anciens (3 millions d'années) ont été découverts en Afrique. On pense donc que les premiers hommes vivaient dans cette région du monde. De là, certains sont partis et ont progressivement peuplé le reste de la Terre.

■ Les premiers outils

Les plus anciens vestiges d'outils que l'on a trouvés ont été taillés dans des pierres.

Les premiers outils étaient de simples galets que les hommes cassaient pour obtenir un bord tranchant.

Puis les hommes de la Préhistoire ont perfectionné leur technique et utilisé d'autres matériaux, comme l'os. Les nouveaux outils étaient plus efficaces: poignards, sagaies, harpons, grattoirs, aiguilles (doc. 1)...

L'étude des vestiges d'outils a permis de reconstituer la vie quotidienne des premiers hommes (doc. 2).

2 La vie quotidienne dans un campement de la Préhistoire (reconstitution)

Ce dessin est une reconstitution, car il n'existe pas de photographies datant de la Préhistoire.

- **D'après cette reconstitution, quelles étaient les principales activités des hommes de la Préhistoire ?**
- **Quels matériaux utilisaient-ils pour fabriquer leurs huttes ?**
- **Retrouve sur ce dessin certains outils de la page 20.**
- **Comment les hommes préhistoriques faisaient-ils du feu ? A quoi leur servait le feu ?**

L'invention du feu

Des traces de foyers montrent que les hommes ont découvert comment faire du feu il y a 600000 ans environ. Pour cela, ils frottaient deux silex ou deux morceaux de bois l'un contre l'autre. Ils utilisaient le feu pour s'éclairer, se chauffer, faire cuire leur nourriture et éloigner les bêtes sauvages (doc. 2).

Les premières tombes

On a également découvert des tombes datant de la Préhistoire : on sait donc que les hommes de cette époque enterraient leurs morts.

L E X I Q U E

un biface: une pierre taillée sur deux faces pour obtenir un bord tranchant.

un foyer: un endroit où l'on fait du feu.

un harpon: un instrument qui sert à tuer les poissons.

un racloir: un outil qui sert à racler les peaux de bêtes.

une sagaie: une lance courte utilisée pour la chasse.

une tombe: un endroit où l'on enterre un mort.

voir résumé p. 26

3. Les hommes de Tautavel

1 Les vestiges d'un crâne

Ce crâne a été découvert en 1971, dans les Pyrénées. En l'étudiant, les archéologues ont compris que c'était celui d'un homme qui vivait là il y a 450000 ans environ. Ils ont pu reconstituer le visage des hommes de Tautavel (à droite).

- **Sur la carte 1 de l'atlas, situe Tautavel.**

■ Le premier habitant de France

Au sud de la France, près de Tautavel dans les Pyrénées, on a retrouvé des vestiges d'hommes qui datent de plus de 450000 ans: on les appelle les « hommes de Tautavel » (doc. 1 et carte 1 de l'atlas).

Ce sont les vestiges humains les plus anciens découverts en France. On pense donc qu'avant eux, la France était inhabitée et que ces hommes ont été les premiers habitants de la France.

■ La chasse et la cueillette

Les vestiges découverts à Tautavel ont permis de reconstituer la vie de ces hommes (doc. 2). Ils menaient une vie très rude. Pour se nourrir, ils chassaient les chamois, les mouflons, les bisons, les mammouths et les rennes. Ils utilisaient la viande pour se nourrir et les peaux de bêtes pour se vêtir. Ils cueillaient des fruits sauvages et des champignons. Ils pêchaient des saumons et des brochets.

2 La caune de l'Arago à Tautavel, durant l'hiver (reconstitution)

Les hommes de Tautavel choisissaient avec soin les lieux dans lesquels ils s'installaient. Par exemple, ils vivaient dans la caune (caverne) de l'Arago parce qu'elle était abritée du vent et du froid, parce qu'elle était proche d'un point d'eau, mais aussi parce qu'elle était située en hauteur, ce qui leur permettait de guetter le gibier.

- **A quelle saison cette scène est-elle représentée ?**
- **Pourquoi les hommes de Tautavel habitaient-ils dans des cavernes comme celle-ci ?**

Des populations nomades

Les hommes de Tautavel vivaient en petits groupes et se déplaçaient sans cesse pour suivre le gibier: ils étaient nomades.
Durant les hivers, qui étaient très rigoureux, ils s'abritaient dans des cavernes et des grottes (doc. 2).
Au printemps, ils partaient vers des régions dans lesquelles le gibier était plus abondant. Ils construisaient alors des tentes en peau et des huttes en branchages.

LEXIQUE

un bison: un animal sauvage qui ressemble à un très gros taureau à crinière.

le gibier: les animaux que l'on chasse pour manger.

un mammouth: un animal du passé qui ressemble à un éléphant poilu.

un mouflon: un animal qui ressemble au bouquetin.

nomade: qui n'a pas d'habitation fixe et se déplace sans cesse.

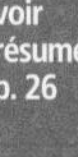
voir résumé p. 26

Les peintures rupestres, sources de l'histoire

4. La grotte de Lascaux

Les archéologues ont retrouvé des peintures, des gravures et des sculptures que les hommes de la Préhistoire ont réalisées dans les abris sous roche ou qu'ils ont laissées près de leurs campements. Ce sont les premières formes d'art. Les peintures de la grotte de Lascaux en Dordogne sont parmi les plus importantes et les mieux conservées de l'art de cette époque.

1 Les peintures rupestres

Ces peintures rupestres (c'est-à-dire réalisées sur la pierre) datent d'il y a 13000 à 20000 ans environ. La plupart représentent les animaux que les hommes de la Préhistoire chassaient: taureaux, chevaux, cerfs…

- **Sur la carte 1 de l'atlas, situe Lascaux.**
- **Quels animaux sont représentés sur cette peinture ? A quoi les reconnais-tu ?**
- **Sur quel support ces animaux ont-ils été peints ?**
- **Pourquoi ces peintures donnent-elles une impression de mouvement ?**

2 Des techniques élaborées (reconstitution)

Pour peindre en hauteur, les hommes de Lascaux ont construit des échafaudages avec des troncs d'arbres. Ils s'éclairaient avec des lampes alimentées en graisse de renne. Ils traçaient d'abord les contours puis coloriaient leurs dessins. Ils fabriquaient eux-mêmes leurs peintures: le noir avec du charbon; l'ocre, le brun, le rouge, l'orange et le jaune avec des pierres et des végétaux broyés. Ils peignaient avec leurs doigts, avec des tampons de feuilles et de fourrure ou en soufflant dans des tubes en os.

- **Sur la reconstitution, retrouve un à un les éléments de la légende.**
- **Quelles couleurs ont été utilisées pour les peintures de la page 24 ?**

3 Lascaux II

Le piétinement des visiteurs et l'humidité créée par leur respiration ont abîmé les peintures de Lascaux. La grotte a donc été fermée et, en 1985, on en a créé une copie appelée Lascaux II. Les visiteurs peuvent ainsi continuer à admirer ces chefs-d'œuvre.

- **Pourquoi a-t-on fermé la grotte de Lascaux ?**
- **Pourquoi en a-t-on créé une reconstitution ?**

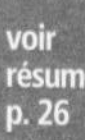
voir résumé p. 26

Exercice

Voici une peinture préhistorique retrouvée dans une grotte près de Lascaux.

1. Situe :
- l'homme étendu à terre ;
- le bison blessé ;
- la sagaie qui a servi à le blesser.

2. A ton avis, quel événement le dessinateur a-t-il voulu représenter ?

3. Qu'est-ce que cette peinture nous apprend sur la vie des hommes préhistoriques ?

Résumés

La Préhistoire

Les vestiges, sources de l'histoire

Le travail des archéologues

Les vestiges sont les seules sources permettant de connaître la Préhistoire. Les archéologues effectuent des fouilles et reconstituent la vie des hommes d'autrefois.

Les premiers hommes

Les hommes préhistoriques fabriquaient des outils rudimentaires en pierre taillée. Ils ont découvert comment faire du feu.

Les hommes de Tautavel

Les hommes de Tautavel vivaient dans le sud de la France il y a 450 000 ans. Ils étaient nomades et habitaient dans des grottes ou des huttes.

Les peintures rupestres, sources de l'histoire

La grotte de Lascaux

Il y a 20 000 ans environ, les hommes préhistoriques ont réalisé des peintures rupestres sur les murs de la grotte de Lascaux.

La fin de la Préhistoire

3

de 8 000 av. J.-C. à 3 000 av. J.-C.

A partir de 8 000 avant Jésus-Christ, les hommes réalisent des progrès considérables qui transforment profondément leur manière de vivre.

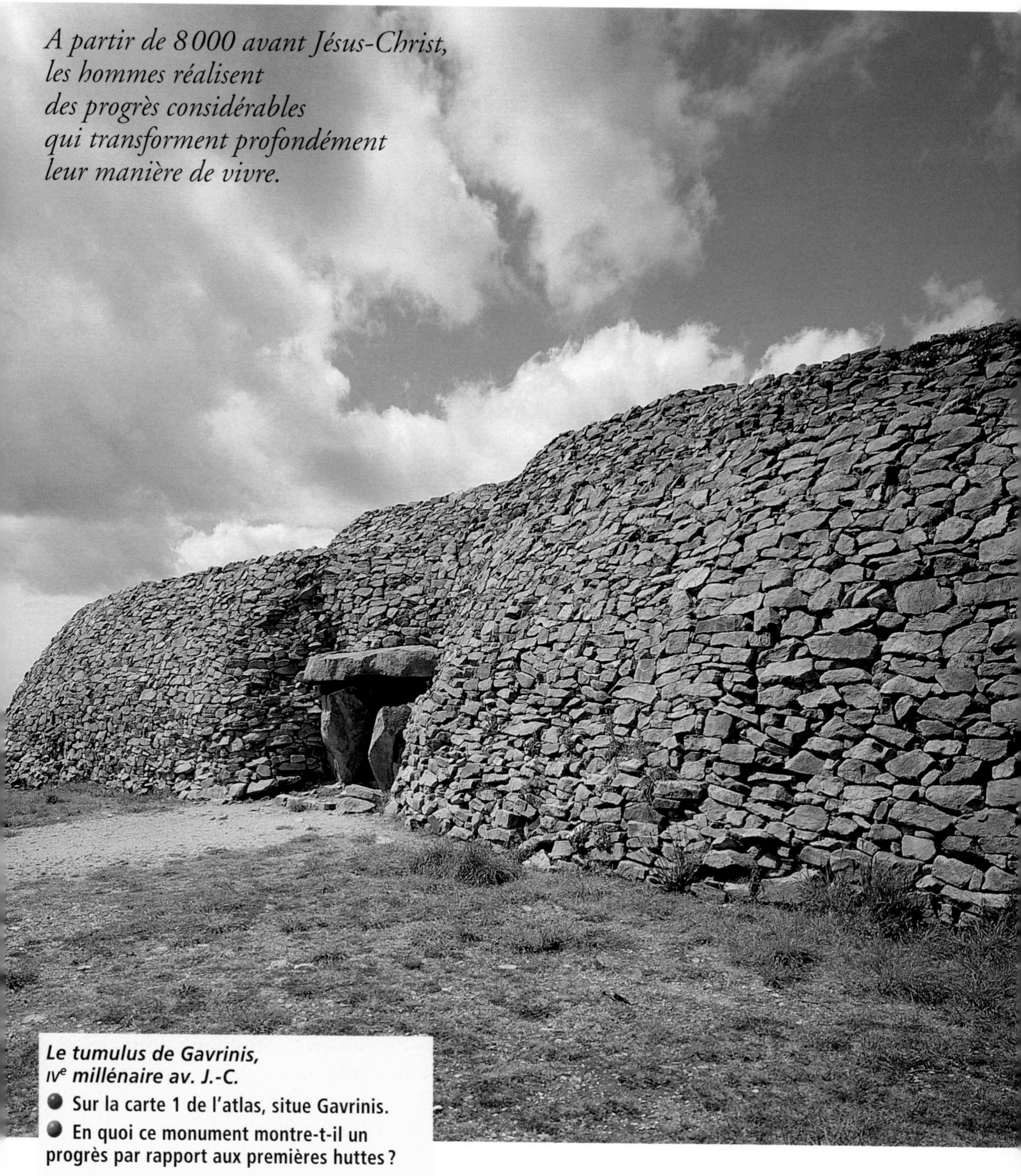

Le tumulus de Gavrinis,
IVe millénaire av. J.-C.

- Sur la carte 1 de l'atlas, situe Gavrinis.
- En quoi ce monument montre-t-il un progrès par rapport aux premières huttes ?

1. Les progrès techniques

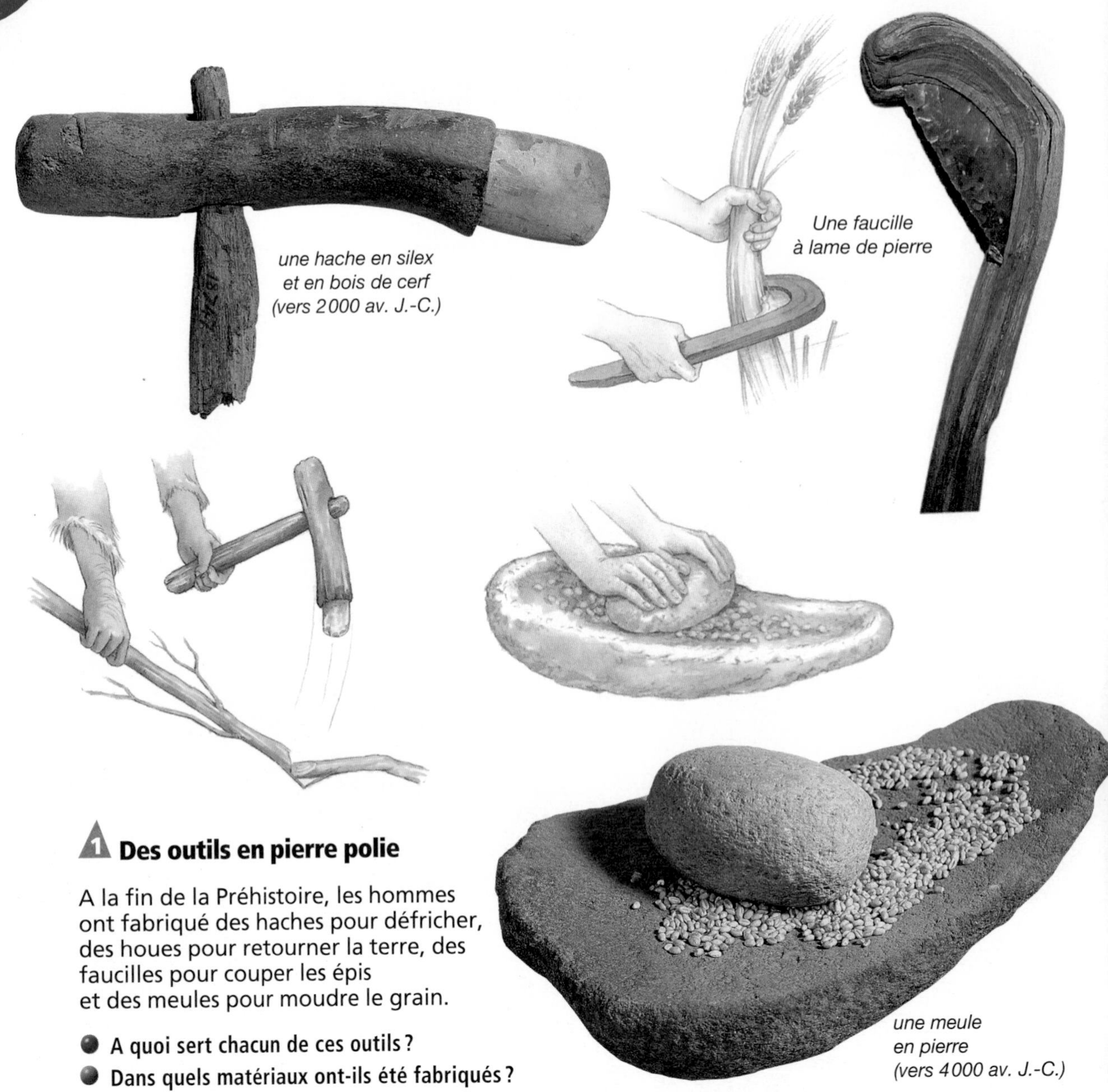

1 Des outils en pierre polie

A la fin de la Préhistoire, les hommes ont fabriqué des haches pour défricher, des houes pour retourner la terre, des faucilles pour couper les épis et des meules pour moudre le grain.

- **A quoi sert chacun de ces outils ?**
- **Dans quels matériaux ont-ils été fabriqués ?**

■ Des outils perfectionnés

Au cours de la Préhistoire, les hommes ont réalisé d'importants progrès techniques. Les archéologues ont découvert qu'ils ont fabriqué des outils plus précis et plus efficaces: des haches pour couper le bois, des faucilles pour couper les épis (doc. 1)...

Les outils fabriqués il y a 10000 ans environ n'étaient plus en pierre taillée mais en pierre polie.

■ L'élevage et l'agriculture

A la fin de la Préhistoire, la vie des hommes a beaucoup évolué. Environ 5000 ans avant Jésus-Christ, dans notre pays, ils ont commencé à domestiquer certains animaux (moutons, porc, bœufs, chèvres, chiens). Ils ont découvert comment cultiver des céréales (blé, orge, seigle). La chasse, la pêche et la cueillette sont alors devenues des activités complémentaires.

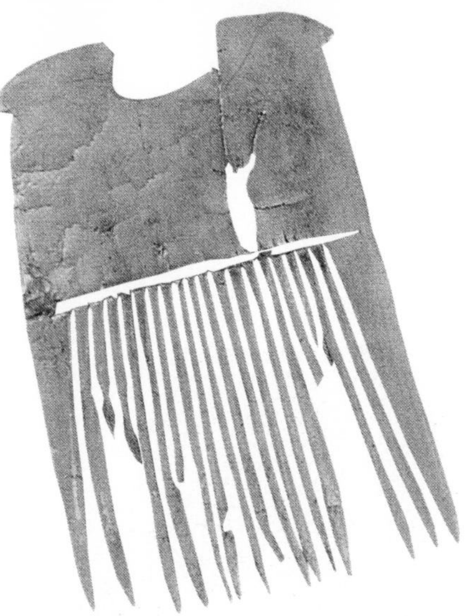

2 Un peigne à tisser

- A quoi sert un peigne à tisser ?
- Où les tisserands de la Préhistoire trouvaient-ils le coton, le lin et la laine ?
- Pourquoi trouve-t-on peu de vestiges des vêtements de la Préhistoire ?

3 Fond de panier en osier

- A quoi ce panier pouvait-il servir ?

4 La poterie

- Tous ces objets ont été retrouvés sur le site de Charavines : sur la carte 1 de l'atlas, situe Charavines.
- Pourquoi faisait-on cuire les poteries ?
- Qu'est-ce que les vestiges de cette page nous apprennent sur les progrès effectués à la fin de la Préhistoire ?

■ Les débuts de l'artisanat

Vers la fin de la Préhistoire, les hommes ont fabriqué les premiers tissus avec le coton et le lin issus de l'agriculture et la laine des moutons qu'ils élevaient (doc. 2).

Ils ont commencé à confectionner des objets en osier (doc. 3) et des poteries : bouteilles, assiettes et bols (doc. 4). Ces objets leur permettaient de cuisiner, de transporter et de stocker les aliments.

L E X I Q U E

l'agriculture : la culture du sol et l'élevage des animaux.
l'artisanat : la fabrication d'objets avec les mains ou des outils simples.
défricher : couper les arbres et arracher la végétation naturelle pour rendre un terrain cultivable.
domestiquer : apprivoiser un animal.
l'élevage : l'activité qui consiste à apprivoiser, nourrir et soigner des animaux.

voir résumé p. 38

2. Une vie sédentaire

1 Une maison de la fin de la Préhistoire à Chalain (reconstitution)

Les premières maisons étaient en pierre ou en terre retenue par des poteaux de bois. Les toits étaient recouverts de chaume ou de feuillage.

- **Sur la carte 1 de l'atlas, situe Chalain.**
- **Quels matériaux ont été utilisés pour la construction de cette maison ?**
- **En quoi cet habitat représente-t-il un progrès par rapport aux anciens abris ?**
- **A ton avis, pourquoi cette maison a-t-elle été construite sur pilotis ?**

Les premiers villages

A partir de 5000 ans avant Jésus-Christ, les hommes ont cessé d'habiter dans des huttes et sont devenus sédentaires: ils ont construit des maisons près de leurs champs (doc. 1). Dans certaines régions, les maisons étaient construites sur pilotis, pour protéger leurs habitants des inondations et des animaux sauvages.

Les hommes se sont regroupés en villages. Les plus grands comptaient une centaine de maisons.

Une vie plus confortable

La pratique de l'agriculture et de l'élevage a permis aux hommes de produire la nourriture dont ils avaient besoin: ils ne dépendaient plus des hasards de la chasse

2 La vie à la fin de la Préhistoire à Charavines (reconstitution)

Il y a 5000 ans, environ 500 personnes vivaient dans le village préhistorique de Charavines.

- **Sur la carte 1 de l'atlas, situe Charavines.**
- **Sur la reconstitution, retrouve certains objets présentés pages 28 et 29.**
- **Décris les activités de chacun des personnages.**
- **Quels éléments sont des vestiges et quels éléments relèvent de la reconstitution ?**
- **Cite trois progrès effectués pendant la Préhistoire.**

et de la cueillette. Leur alimentation est devenue plus variée: céréales, lentilles, pois... en plus de la viande, du poisson et des baies sauvages.

Chacun s'est progressivement spécialisé dans une activité: les uns cultivaient la terre, d'autres étaient artisans et fabriquaient des outils, des poteries ou des tissus... Ainsi, les hommes ont pu perfectionner les techniques propres à leur métier (doc. 2).

L E X I Q U E

un artisan: une personne qui fabrique des objets avec des outils simples.

des pilotis: des poteaux plantés dans la terre sur lesquels on a construit une maison.

sédentaire: qui a une habitation fixe (par opposition à nomade).

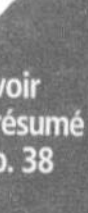

Les monuments, sources de l'histoire

3. Les mégalithes de Carnac

A la fin de la Préhistoire, les hommes ont construit les premiers monuments en pierre
Nous ne savons pas à quoi servaient ces monuments :
les mégalithes ont peut-être une signification religieuse.

1 Les menhirs de Carnac

A Carnac, on a trouvé environ 3000 pierres plantées dans le sol, bien alignées sur 34 rangées. Chaque pierre a une hauteur de 7 à 10 mètres.

- **Sur la carte 1 de l'atlas, situe Carnac.**
- **Pourquoi les archéologues sont-ils certains que ces pierres ne sont pas là par hasard et que ce sont des hommes qui les ont transportées ici ?**

2 Le dolmen de Keriaval à Carnac

Les dolmens ont été construits pour abriter les morts. Ce sont des tombes collectives que l'on recouvrait de terre ou de pierres pour former un monticule.

- **Quelle est la différence entre la forme d'un menhir et celle d'un dolmen ?**

3 Le transport des menhirs (reconstitution)

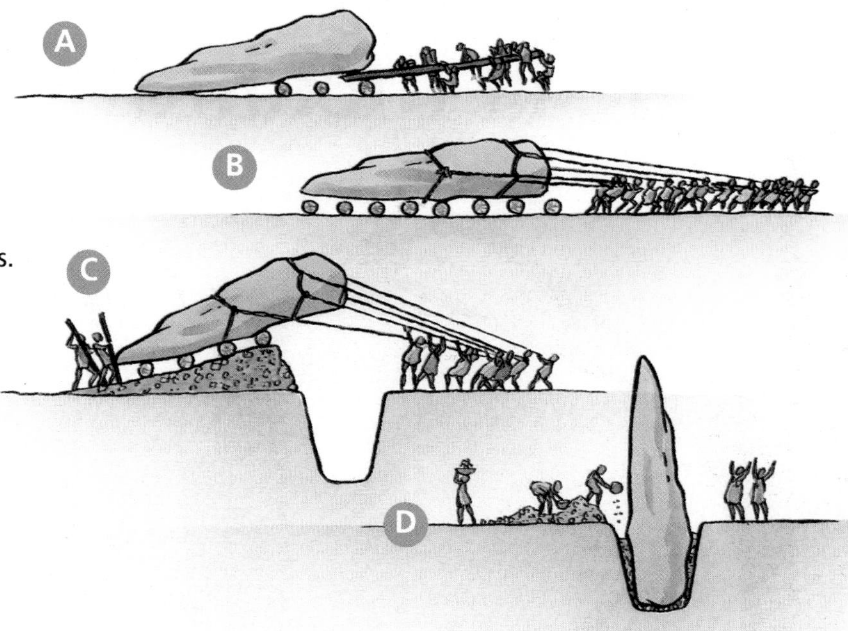

Pendant longtemps, on s'est demandé comment les hommes de la Préhistoire avaient transporté et mis en place les mégalithes. En effet, certains blocs pèsent plusieurs tonnes. Les pierres étaient donc trop lourdes pour être transportées par un seul homme. Les archéologues pensent que les hommes préhistoriques les faisaient rouler sur des troncs d'arbres.

● **Décris les étapes de la mise en place d'un menhir.**

4 La construction des dolmens (reconstitution)

Pour construire un dolmen, les hommes installaient d'abord les « pieds ». Ensuite, ils les recouvraient sans doute de terre pour hisser la grosse pierre horizontale.

● **Décris les étapes de la construction d'un dolmen.**

LEXIQUE

aligné: placé en ligne droite.

un dolmen: un monument constitué d'un ou de plusieurs blocs de pierre, qui a la forme d'une table.

un mégalithe: un monument de pierre.

un menhir: un monument constitué d'une seule pierre, dressée verticalement.

un monument: une construction intéressante.

religieux: qui a rapport à la croyance en un ou plusieurs dieux.

voir résumé p. 38

4. Les débuts de la métallurgie

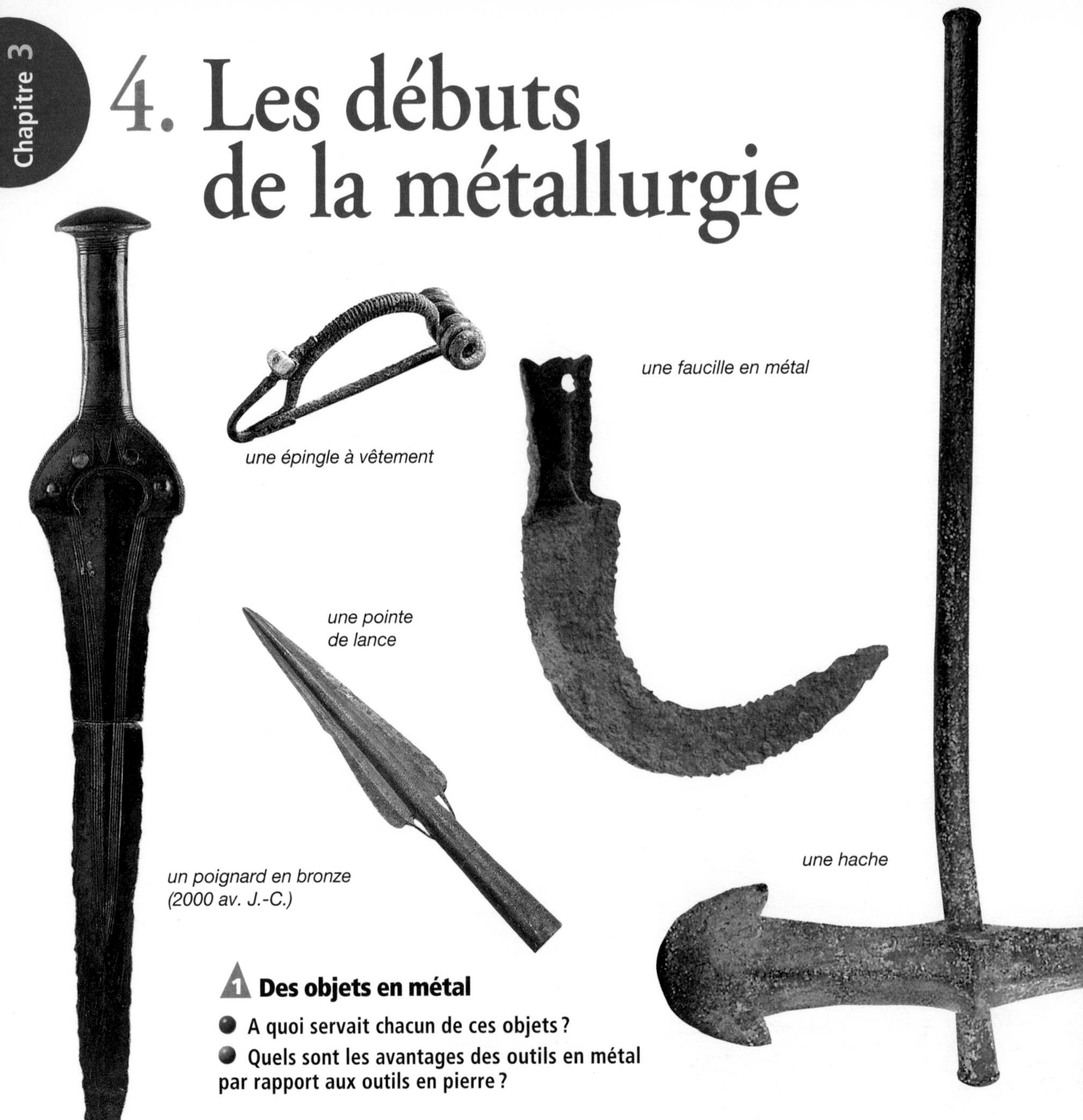

un poignard en bronze (2000 av. J.-C.)

une épingle à vêtement

une faucille en métal

une pointe de lance

une hache

1 Des objets en métal

- **A quoi servait chacun de ces objets ?**
- **Quels sont les avantages des outils en métal par rapport aux outils en pierre ?**

Extraire les métaux du sol

Environ 4000 ans avant Jésus-Christ, dans certaines régions, les hommes ont découvert comment extraire les métaux du sol et les purifier. Ils ont d'abord utilisé l'or, le cuivre et l'étain. En mélangeant le cuivre et l'étain, ils ont fabriqué un alliage très résistant: le bronze. Le fer n'a été découvert que vers l'an 1000 avant Jésus-Christ.

Fabriquer des outils en métal

En faisant fondre ces métaux, les hommes fabriquaient toutes sortes d'objets: des bijoux, des outils et des armes (doc. 1).

La métallurgie représente un progrès important, car les outils en métal sont plus résistants et plus précis que les outils en pierre. Leur fabrication est plus facile et plus rapide (doc. 2). Enfin, il est possible de les réparer, ce qui n'était pas le cas des outils en pierre.

LEXIQUE

un alliage: un mélange de plusieurs métaux.

la métallurgie: le travail des métaux.

2 La fabrication d'une hache en métal

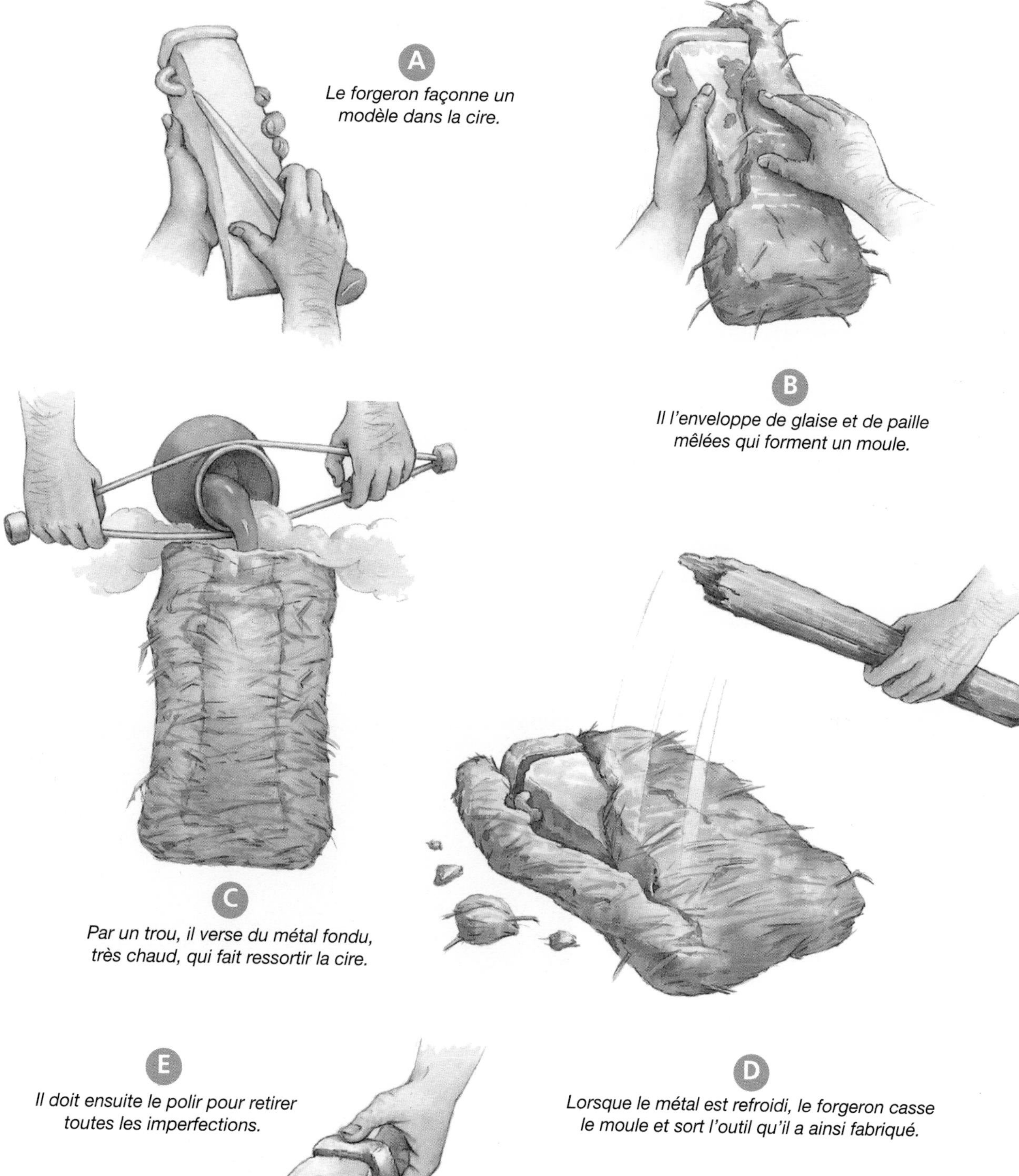

● **Quelles étapes de la fabrication d'une hache sont représentées sur ces dessins ?**

● **Compare cette technique de fabrication avec celle utilisée pour les outils en pierre de la Préhistoire : en quoi est-elle plus facile ? en quoi est-elle plus rapide ?**

voir résumé p. 38

5. L'invention de l'écriture

1 Une écriture très ancienne

Cette écriture date de 3000 avant J.-C. environ. Chaque signe représente un mot.

- **Quels signes reconnais-tu ?**
- **Imagine comment on a gravé cette tablette d'argile.**

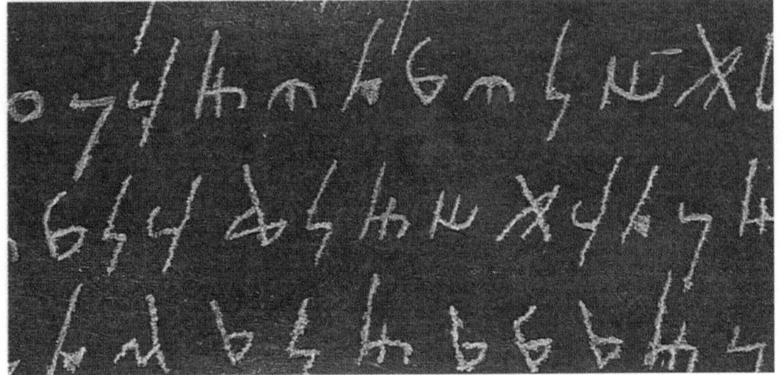

2 L'alphabet phénicien

Cette écriture a été inventée par les Phéniciens (les habitants de la Phénicie), vers 1100 av. J.-C. Chaque signe représente un son.

- **Sur la carte 2 de l'atlas, situe la Phénicie.**
- **Quels signes ressemblent aux lettres de notre alphabet (tourne le livre dans tous les sens) ?**

L'invention de l'écriture

Environ 3000 ans avant Jésus-Christ, au Proche-Orient et en Égypte, les hommes ont inventé l'écriture.

Elle leur servait à compter et à garder en mémoire des renseignements importants, comme le nombre de bêtes dans un troupeau.

Au début, les hommes utilisaient des dessins qui représentaient les objets désignés : un épi pour désigner les céréales, une tête de bœuf pour désigner un bœuf… Pour écrire, il fallait donc connaître des milliers de signes (doc. 1).

La révolution de l'alphabet

Vers 1100 avant Jésus-Christ, les habitants de la Phénicie (carte 2 de l'atlas) ont inventé un code pour écrire plus rapidement : l'« alphabet ». Ils pouvaient écrire tous les

3 Les scribes égyptiens (bas-relief égyptien, Saqqara, 2500 av. J.-C.)

- **Dans quelle position ces hommes sont-ils installés pour écrire ?**
- **Quel matériel utilisent-ils ?**
- **Pourquoi connaît-on mieux l'histoire des hommes à partir de l'invention de l'écriture ?**

mots avec 22 signes seulement (doc. 2). Cette écriture était beaucoup plus facile à apprendre et à utiliser.

Les Phéniciens ont transmis l'alphabet aux peuples vivant autour de la Méditerranée (carte 2 de l'atlas).

De la pierre au papier

Les hommes ont d'abord gravé la pierre, ce qui était long et difficile. Puis ils ont fabriqué des tablettes d'argile, plus légères et plus faciles à graver (doc. 3). Le papier a été inventé beaucoup plus tard.

L E X I Q U E

un alphabet: un système d'écriture simplifiée, dans lequel chaque signe (lettre) représente un son.

un scribe: un écrivain public de l'Égypte ancienne.

voir résumé p. 38

Exercice

Observe ces différents objets.

1. Lesquels sont en pierre ? Lesquels sont en métal ?

2. Lesquels datent de la fin de la Préhistoire ? Justifie ta réponse.

Résumés

La fin de la Préhistoire

Les progrès techniques

Environ 8000 ans av. J.-C., les hommes ont réalisé d'importants progrès. Ils ont fabriqué les premiers outils en pierre polie et ont commencé à pratiquer l'agriculture et l'élevage.

Une vie sédentaire

A la fin de la Préhistoire, les hommes sont devenus sédentaires. Ils ont bâti les premières maisons. Grâce à l'agriculture et à l'élevage, ils se nourrissaient mieux et vivaient plus confortablement.

Les monuments, sources de l'histoire

Les mégalithes de Carnac

A la fin de la Préhistoire, les hommes ont construit des monuments en pierre: les menhirs et les dolmens. Ces monuments ont peut-être une signification religieuse.

Les débuts de la métallurgie

A la fin de la Préhistoire, les hommes ont découvert comment extraire les métaux du sol. Ils ont alors fabriqué des outils en métal, plus précis et plus résistants.

L'invention de l'écriture

Environ 3000 ans av. J.-C., les hommes ont inventé l'écriture. Les Phéniciens ont mis au point l'alphabet.

Les débuts de l'Antiquité

de 8000 av. J.-C. à 100 av. J.-c.

4

L'invention de l'écriture et de la métallurgie marque la fin de la Préhistoire et le début de l'Antiquité.

Sculpture égyptienne, environ 2000 ans av. J.-C.

- Qu'est-ce qu'un scribe ?
- Décris la coiffure, l'habillement et le matériel de ce scribe.

Les écrits, sources de l'histoire

1. Le travail des historiens

On connaît mieux la vie des hommes à partir de l'invention de l'écriture puisque les hommes ont alors laissé des écrits. Les historiens travaillent sur ces sourc[es] afin d'en déchiffrer l'écriture et la langue : c'est un travail long et difficile.

1 Les hiéroglyphes égyptiens

Ce texte nous semble incompréhensible, comme s'il était écrit en code secret.
Il date de 1314 av. J.-C. et contient certainement des informations intéressantes sur les hommes de cette époque.

- **Sur la carte 2 de l'atlas, situe l'Égypte.**
- **Quels signes peux-tu reconnaître ?**

Voici le nom d'un roi écrit en hiéroglyphes.

Voici le nom du même roi écrit en grec.

2 La pierre de Rosette

Au début du XIXe siècle, Jean-François Champollion a étudié les hiéroglyphes égyptiens, pour les déchiffrer. Il a consacré plus de vingt ans à ses recherches.
C'est grâce à cette pierre qu'il y est parvenu : le même texte y est écrit en hiéroglyphes et en grec. Comme il savait lire le grec, il a comparé les deux textes et identifié certains mots en hiéroglyphes.

3 Lire les hiéroglyphes

En déchiffrant les hiéroglyphes, les historiens ont découvert comment les Égyptiens vivaient autrefois. Sur ce bas-relief, les signes qui se trouvent sous la table indiquent que la princesse Nefertiabet possédait des milliers d'oies, de pains et de bœufs.

- **Retrouve les hiéroglyphes représentant :**
  – l'oie,
  – le pain,
  – le bœuf,
  – les milliers.

4 Connaître la civilisation égyptienne

- **De quand date ce texte ?**
- **Quels sont les différents métiers cités dans ce texte ?**
- **Que fait chacun de ces artisans ?**
- **Quelle est la difficulté de chaque métier ?**
- **Quels animaux vivaient dans l'Égypte ancienne ?**
- **Les villes existaient-elles dans l'Égypte ancienne ?**
- **Globalement, qu'est-ce que ce texte nous apprend sur l'Égypte ancienne ?**

J'ai vu le **forgeron** au travail, à la gueule de son four; ses doigts sont comme de la peau de crocodile. L'orfèvre travaille au **ciseau** dans des matériaux très durs; à force de rester assis, son dos est voûté. Le barbier rase très tard le soir; il va de **rue en rue** chercher qui raser; les vêtements du potier sont raides à cause de la terre, sa ceinture est en lambeaux. Cela va très mal aussi pour le cordonnier: il doit **mendier** sans cesse. Le tisserand travaille le corps recroquevillé, les genoux contre la poitrine. Le blanchisseur lave sur la rive; il est proche des **crocodiles**.

D'après *La Satire des métiers*, vers 2100 av. J.-C.

Ce texte nous apprend que les Égyptiens connaissaient la métallurgie.

Ce texte nous apprend quels outils les orfèvres utilisaient.

Ce texte nous apprend qu'il y avait des crocodiles dans l'Égypte ancienne.

Si les rues existaient, cela signifie que les Égyptiens vivaient dans des villes ou des gros villages.

D'après ce texte, les artisans, notamment les cordonniers, étaient des gens pauvres.

Ce texte date de 2100 av. J.-C.: il est donc vieux de plus de 4000 ans.

LEXIQUE

les hiéroglyphes : l'écriture des Égyptiens dans l'Antiquité.

voir résumé p. 48

2. Les débuts de l'histoire

1 Les avantages de l'écriture

Lettre de Pline le Jeune, gouverneur, à Trajan, empereur de Rome

Maître, les habitants de Nicomédie ont gaspillé plus de trois millions de pièces de bronze pour construire un aqueduc qui n'a pas été terminé. Il faut à nouveau de l'argent, mais surtout, il faut envoyer un ingénieur et un architecte pour éviter que ce gaspillage recommence.

Réponse de Trajan

Il faut faire en sorte d'amener l'eau jusqu'à Nicomédie. Il faut aussi chercher les responsables qui ont gaspillé tant d'argent. Il ne faut pas qu'ils aient volé l'argent pour se le partager. Fais-moi savoir tout ce que tu découvriras sur cette affaire.

D'après Pline le jeune, IIe siècle.

- **Que demande Pline le Jeune à l'empereur ? Que lui répond Trajan ?**
- **Avant l'invention de l'écriture, comment Pline le Jeune aurait-il fait pour demander de l'argent à Trajan ?**
- **Quels sont les avantages de l'écriture dans ce cas ?**

2 L'araire

(fresque égyptienne, IIe millénaire av. J.-C.)

- **Par quoi l'araire est-il tiré ?**
- **Que fait le paysan pour faire avancer l'animal ?**
- **En quoi l'araire marque-t-il un progrès par rapport aux outils et aux méthodes utilisés durant la Préhistoire ?**

Une période de bouleversements

L'écriture a permis aux hommes de l'Antiquité de s'organiser et d'envoyer des messages dans des régions lointaines (doc. 1).

Ces hommes ont construit les premières villes, développé le commerce et inventé la monnaie pour faciliter les échanges.

Les progrès techniques

Ils ont également réalisé d'importants progrès techniques. Ils ont fabriqué des outils agricoles plus performants, comme l'araire tiré par des chevaux ou des bœufs (doc. 2). Ils ont de mieux en mieux sélectionné les céréales pour obtenir des récoltes plus abondantes. Ils ont bâti des digues et des canaux pour amener l'eau dans les champs et dans les villes. Ils ont construit de grands

3 Les pyramides d'Égypte

Ces pyramides construites vers 2500 av. J.-C. servaient de tombeaux à de grands rois. La plus grande mesure près de 150 mètres de haut.

4 Un temple grec: le Parthénon

(Athènes, Ve siècle av. J.-C.)

Les Grecs de l'Antiquité ont bâti des temples dans lesquels ils priaient différents dieux.

- **Sur la carte 2 de l'atlas, situe Athènes en Grèce.**
- **Connais-tu des monuments français qui se sont inspirés des temples grecs ?**

bateaux et ont commencé à explorer les côtes, même s'ils ne s'aventuraient pas encore très loin de chez eux.

De grands monuments

L'Antiquité a connu de brillantes civilisations comme celles des Égyptiens, des Hébreux, des Celtes, des Grecs et des Romains. Certaines ont développé un art somptueux et construit des monuments gigantesques comme les pyramides d'Égypte (doc. 3) et les temples grecs (doc. 4).

LEXIQUE

un araire: un outil qui sert à labourer la terre et à creuser des sillons.

une civilisation: l'ensemble des façons de vivre, de penser, de s'organiser propres à un peuple.

voir résumé p. 48

Les monnaies, sources de l'histoire

3. A la découverte de Rome

Au cours du temps, les hommes se sont spécialisés dans différents métiers. Ils ont eu besoin d'échanger des biens : par exemple, l'agriculteur avait besoin de vêtements et d'outils que d'autres fabriquaient. C'est ainsi que le commerce et la monnaie sont nés.

1 Le troc

Au début, les hommes ont pratiqué le troc : par exemple, l'agriculteur échangeait avec le forgeron un sac de céréales contre une faucille.

- **Que se passait-il lorsque le forgeron n'avait pas besoin de céréales ?**

2 L'usage des métaux

Pour faciliter les échanges, les hommes ont utilisé les métaux.
Chaque marchandise était évaluée en quantité d'or, de cuivre ou d'argent.
Par exemple, l'agriculteur vendait un sac de blé au tisserand pour 10 grammes d'or ; avec cet or, il achetait une faucille au forgeron ; le forgeron pouvait alors acheter des vêtements…

3 La monnaie

Les pièces de monnaie sont devenues le moyen le plus pratique de faire du commerce : elles pesaient un certain poids de métal et l'on reconnaissait leur valeur au dessin ou à l'inscription qui se trouvait dessus. L'invention de la monnaie a permis de développer le commerce.

- **Que représente le dessin sur cette pièce ?**

4 Quelques monnaies romaines

De nos jours, on trouve parfois de vieilles pièces enfouies dans le sol. Elles fournissent des informations sur le passé et aident à dater les vestiges que l'on peut découvrir en même temps qu'elles. Ces pièces étaient utilisées à Rome il y a plus de 2000 ans.

- **Sur la carte 2 de l'atlas, situe Rome.**
- **Comment les Romains étaient-ils habillés ?**
- **Quel meuble peux-tu voir ?**
- **Quels moyens de transport utilisaient-ils ?**
- **Comment les faisaient-ils avancer ?**
- **A quoi voit-on que les Romains étaient des guerriers ?**
- **Quelles armes utilisaient-ils ?**
- **Ces monnaies ont été retrouvées dans des régions différentes autour de la Méditerranée : que peut-on en conclure sur le commerce de Rome ?**

LEXIQUE

une galère : un navire de guerre à voiles et à rames.

un quadrige : un char romain tiré par quatre chevaux placés côte à côte.

voir résumé p. 48

4. Rome et sa légende

1 La légende de la louve

(bronze du Ve siècle av. J.-C., Rome, Palais des conservateurs)

Selon la légende, les jumeaux Romulus et Rémus étaient les descendants d'un prince grec. Vers 800 av. J.-C., les deux bébés ont été abandonnés dans un panier et jetés dans un fleuve. Leur couffin s'est échoué sur une rive du fleuve. Une louve les a allaités jusqu'à ce que des bergers les recueillent.

- **Sur la carte 2 de l'atlas, situe Rome.**
- **A quoi vois-tu que l'histoire de la louve est une légende ?**

2 La fondation légendaire de Rome

Romulus voulait fonder la ville sur la colline du Palatin, tandis que Rémus préférait l'Aventin. Ils discutèrent et en vinrent aux mains. Les colères dégénérèrent en luttes meurtrières. Dans la bagarre, Rémus tomba, frappé à mort. Romulus resta donc seul maître. Après sa fondation, la ville prit le nom de son fondateur.

D'après Tite-Live, Histoire romaine, Ier siècle av. J.-C.

- **Pourquoi Romulus et Rémus se sont-ils disputés ?**
- **Qui fut finalement le fondateur de Rome ?**
- **D'où vient le nom de la ville ?**

La fondation de Rome

Rome se situe au centre de l'Italie. La légende raconte que la ville fut fondée en 753 av. J.-C. par deux frères jumeaux: Romulus et Rémus (doc. 1 et 2).

En quelques siècles, Rome est devenue une ville riche et puissante. Les Romains se sont alors lancés à la conquête de nouveaux territoires, en Italie puis dans des régions de plus en plus lointaines.

Les conquêtes romaines

L'armée, bien organisée et très disciplinée, suivait une stratégie précise. Cela la rendait supérieure à ses ennemis, qui combattaient dans le désordre (doc. 3).

Les Romains ont donc remporté des victoires éclatantes. A la fin du Ier siècle av. J.-C., ils dominaient tout le pourtour de la Méditerranée (carte 2 de l'atlas et chronologie page 1).

3 L'armée romaine (reconstitution)

L'armée romaine était divisée en légions comprenant chacune 4000 soldats.
Chaque légion était divisée en bataillons, comprenant 10 soldats et un chef de légion.
Pour se protéger, l'armée établissait un camp entouré de murs de protection et d'un fossé.
Pendant la bataille, les bataillons étaient disposés en quinconce, comme les cases d'un damier.

● **Pourquoi l'armée romaine était-elle plus efficace que les armées ennemies ?**

L'Empire romain

Les territoires conquis par Rome constituaient un immense empire. Les empereurs successifs rétablirent la paix dans toutes les régions et développèrent l'agriculture, l'artisanat et le commerce à l'intérieur de l'empire.

Pendant plus de quatre siècles, l'Empire romain connut une grande prospérité. Les Romains répandirent leur culture, leur langue (le latin) et leur mode de vie et d'organisation dans les territoires qu'ils contrôlaient, notamment en Gaule : nous en sommes les héritiers.

LEXIQUE

un empire : un pays et les territoires qu'il a conquis, dirigés par un empereur.

une légion : un groupe de soldats romains.

la prospérité : une période d'enrichissement.

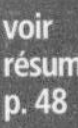
voir résumé p. 48

Exercice

Fais des recherches à propos de cette pyramide qui se trouve dans la cour du Louvre à Paris.

1. Quand a-t-elle été construite ? Par quel architecte ? Est-ce un monument ancien ou récent ?
2. Quels matériaux ont été utilisés pour sa construction ?
3. De quel monument de l'Antiquité s'inspire-t-elle ? Était-il construit dans les mêmes matériaux ?

Résumés

Les débuts de l'Antiquité

Les écrits, sources de l'histoire

Le travail des historiens

Les historiens déchiffrent les textes écrits par les hommes d'autrefois. Ce sont des témoignages précieux sur les événements et la vie des hommes du passé.

Les débuts de l'histoire

Durant l'Antiquité, les hommes ont construit les premières villes et développé le commerce. Ils ont construit de gigantesques monuments, comme les pyramides d'Égypte et les temples grecs.

Les monnaies, sources de l'histoire

A la découverte de Rome

Autrefois, les hommes pratiquaient le troc. L'invention de la monnaie a permis de développer le commerce. Les monnaies sont une précieuse source d'informations sur les hommes du passé.

Rome et sa légende

La ville de Rome aurait été fondée en 753 av. J.-C. Les Romains ont ensuite conquis de nombreux territoires : au début de notre ère, ils contrôlaient le pourtour de la Méditerranée.

La Gaule

IXe siècle av. J.-C. – Ve siècle ap. J.-C.

5

Pendant l'Antiquité, la France s'appelait la Gaule. Ce nom lui a été donné par les Romains au IIe siècle av. J.-C., à cause du coq (gallus en latin) qui, avec le sanglier, était l'emblème de ses habitants.

Coq en bronze du IIe siècle
(Lyon, musée de la civilisation gallo-romaine).

● Dans quelles circonstances peut-on voir le coq comme symbole de la France ?

Les écrits, sources de l'histoire

1. César décrit la Gaule

Les documents écrits sont une source précieuse pour les historiens. Par exemple, la *Guerre des Gaules* racontée par Jules César est le premier témoignage important sur la Gaule.

1 Jules César

Jules César est un Romain né en 101 av. J.-C. et mort en 44 av. J.-C. Général célèbre, il a dirigé l'armée romaine qui a conquis la Gaule.

- **Cherche dans le dictionnaire des informations sur Jules César.**
- **Observe la statue de Jules César : décris son habillement et l'impression qu'elle donne.**

2 Les Gaulois

En 52 av. J.-C., avant de conquérir la Gaule, César a entrepris de la décrire. Elle se composait d'une soixantaine de peuples, souvent en guerre les uns contre les autres.

La Gaule est divisée en trois parties. L'une est habitée par les Belges, une autre par les Aquitains, la troisième par ceux qui portent le nom de Celtes (dans notre langue, celui de Gaulois). Ces peuples n'ont pas les mêmes coutumes et les mêmes lois. De tous ces peuples, les Belges sont les plus courageux.

D'après Jules César, Guerre des Gaules.

- **Quels sont les trois peuples de la Gaule ?**
- **Sur la carte 3 de l'atlas, retrouve ces peuples.**
- **Dans quelle langue les Celtes étaient-ils appelés « Gaulois » ?**

LEXIQUE

les coutumes : les habitudes, les traditions.

un esclave : une personne qui appartient à un maître et n'est pas libre.

un impôt : une somme d'argent que l'on verse à l'État.

statue en marbre, Ier siècle av. J.-C., Rome, Musée du Capitole.

3 La société gauloise

Dans toute la Gaule, il y a **deux classes d'hommes importantes** : l'une est celle des druides, l'autre celle des chevaliers.

Les druides s'occupent **des affaires religieuses.** Un grand nombre de jeunes viennent auprès d'eux pour **s'instruire.** Si un meurtre a été commis, s'il y a une dispute au sujet d'un héritage ou des limites d'un terrain, ils **jugent** et fixent les amendes. Les druides ne vont pas à la guerre et ne paient pas d'impôts.

Les chevaliers participent tous à **la guerre**. Chacun, en fonction de sa richesse, rassemble autour de lui un nombre plus ou moins grand de compagnons. C'est à cela que l'on reconnaît sa puissance et sa richesse.

Les **gens du peuple** sont **presque des esclaves.** On ne leur demande jamais leur avis. Quand ils sont écrasés par leurs dettes ou par les impôts, ils se mettent au service des nobles.

D'après Jules César, Guerre des Gaules.

Les druides et les chevaliers étaient moins nombreux que les gens du peuple, mais ils dirigeaient la société gauloise.

Les druides savaient lire et écrire. Ils étaient prêtres, enseignants...

médecins et juges.

Les chevaliers combattaient à cheval.

Les gens du peuple étaient des paysans et des artisans.

- **D'après Jules César, quelles étaient les différentes catégories de la société gauloise ?**
- **Quelle catégorie était la plus nombreuse ?**
- **Quelles catégories commandaient ?**
- **Quel était le rôle des chevaliers ?**
- **Quelles étaient les différentes fonctions des druides ?**
- **Pourquoi la vie des gens du peuple était-elle difficile ?**

4 Les fils et leurs pères

Les Gaulois comptent le temps non par les jours mais en fonction de la Lune. Leur vie est très différente de celle des autres peuples. Par exemple, ils ne supportent pas de voir leurs enfants en public tant qu'ils ne sont pas en âge de porter les armes. C'est un déshonneur pour un fils, tant qu'il est enfant, de se présenter dans un lieu public devant son père.

D'après Jules César, Guerre des Gaules.

- **En quoi les textes de cette leçon sont-ils intéressants pour les historiens ?**
- **Sur quelles autres sources les historiens doivent-ils s'appuyer pour reconstituer l'histoire des Gaulois ?**

5

La déesse Épona

(statue gauloise en bronze du IIIe siècle)

Les Gaulois croyaient en de nombreux dieux comme Toutatis, le dieu protecteur de la tribu, et Épona, la déesse protectrice des chevaux, des cavaliers et des voyageurs. Les druides étaient chargés de faire des sacrifices d'animaux en l'honneur de ces dieux.

- **Dans quelle position la déesse est-elle assise sur son cheval ?**
- **Quel vêtement porte-t-elle ?**

voir résumé p. 62

2. La Gaule celtique

1 Une moissonneuse gauloise
(bas-relief de Trévire, Belgique, musée Gaumais, fin du IIe siècle)

- **Dans quel sens cette moissonneuse avance-t-elle ?**

2 Bibracte au Ier siècle (reconstitution)

- **Sur la carte 3 de l'atlas, situe Bibracte.**
- **Décris les activités, les vêtements, les objets que tu peux voir.**
- **Sur cette reconstitution, retrouve les objets présentés au-dessous.**

■ Les Celtes de Gaule

Originaires du centre de l'Europe, des Celtes se sont installés en Gaule entre le IXe et le Ve siècle av. J.-C. (chronologie page 2 de l'atlas). Ils étaient divisés en tribus indépendantes. Chaque tribu était dirigée par un chef, comme Vercingétorix, et contrôlait un territoire. Tantôt elles se faisaient la guerre, tantôt elles étaient alliées et cohabitaient en paix.

■ Un pays prospère

La majorité des Gaulois étaient éleveurs ou agriculteurs. Ils élevaient des chevaux et des porcs. Ils cultivaient des céréales comme le blé et l'orge. Les agriculteurs utilisaient des outils perfectionnés, comme la charrue en bois et en métal pour retourner la terre, et la moissonneuse pour récolter les épis (doc. 1).

Les Gaulois étaient aussi de bons artisans, habiles dans le travail du bois et des métaux. Ils fabriquaient des outils (doc. 3), des armes solides, des poteries et de beaux bijoux. Très ingénieux, les artisans gaulois ont inventé la charrue, le tonneau et le savon. Au Ier siècle av. J.-C., la Gaule était un pays prospère. L'usage de la monnaie permit le développement du commerce entre la Gaule et ses voisins (doc. 3).

■ Les oppidums

La plupart des Gaulois habitaient dans des villages. Leurs maisons étaient des huttes en bois et en argile, avec un toit de chaume (doc. 2).

Durant les guerres, ils se réfugiaient dans les oppidums, qui étaient des places fortifiées construites au sommet des collines ou dans des boucles de rivières.

3 L'artisanat gaulois

- **Parmi ces objets, lesquels servaient à l'artisanat ? au commerce ? à la guerre ?**
- **En quoi ces objets montrent-ils que les Gaulois étaient d'habiles artisans ?**

Monnaie en or,
IIe siècle av. J.-C.

outils de forgeron en fer

pièce centrale d'un bouclier en bronze, Ier siècle av. J.-C.

casque en bronze, Ier siècle av. J.-C.

LEXIQUE

fortifié: qui possède des remparts pour se protéger des attaques.

une tribu: un groupe de gens qui ont la même langue, la même religion et le même chef.

voir résumé p. 62

3. La conquête romaine

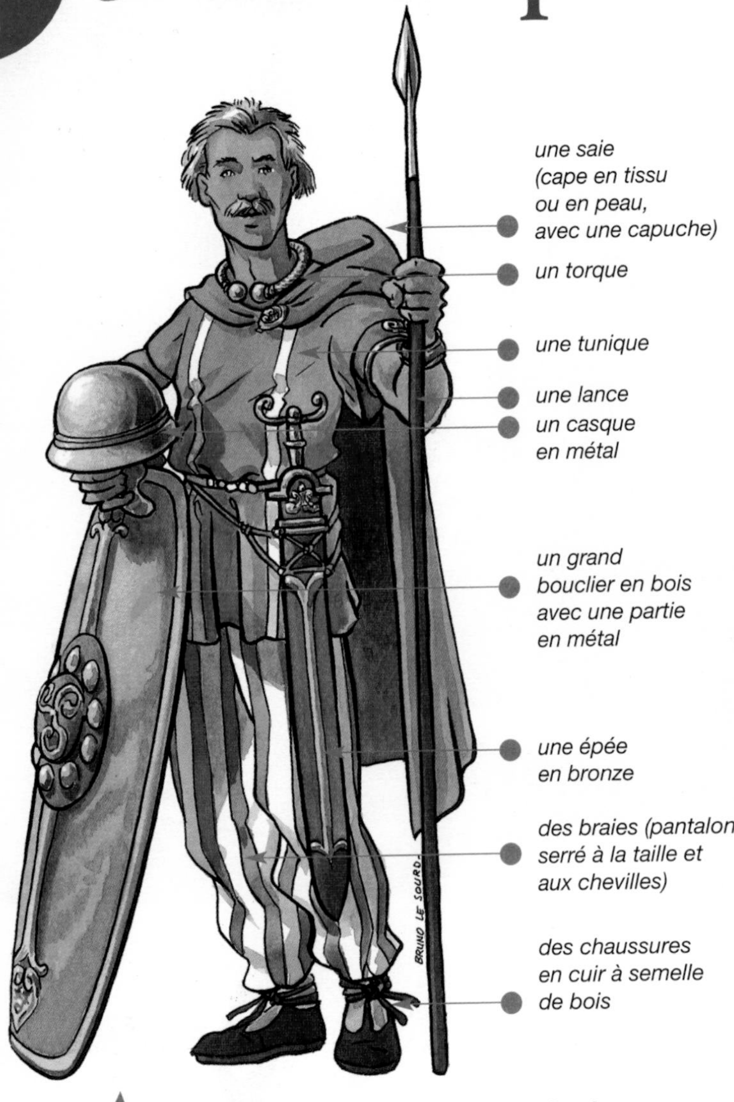

1 Un guerrier gaulois (reconstitution)

● Compare ce guerrier au guerrier romain page 47. Porte-t-il les mêmes vêtements ? les mêmes armes ? Se protège-t-il de la même manière ?

2 L'appel à la révolte

Vercingétorix convoque les chefs. Il leur explique : « On doit priver les Romains de vivres et de fourrages : l'ennemi sera obligé de partir. Il faut brûler les citadelles, de peur que les Romains n'en tirent des vivres. Ces moyens semblent durs, mais il serait plus dur encore de voir nos femmes et nos enfants traités en esclaves et que nous soyons égorgés. »

D'après Jules César,
Guerre des Gaules, *52 av. J.-C.*

● Quelle est la tactique des Gaulois pour vaincre les Romains ?

3 La défaite des Gaulois

Le lendemain, Vercingétorix convoque l'assemblée : il déclare que puisqu'ils sont vaincus, les Gaulois peuvent apaiser les Romains par sa mort ou le livrer vivant. On envoie une délégation à César. Il ordonne qu'on lui remette les armes, qu'on lui amène les chefs. On lui livre Vercingétorix, on jette les armes à ses pieds.

D'après Jules César,
Guerre des Gaules, *52 av. J.-C.*

■ Les premières conquêtes romaines

Les Romains pratiquaient le commerce avec les Gaulois et étaient attirés par la richesse de leurs voisins. En 125 av. J.-C., l'armée romaine conquit la Narbonnaise, au sud de la Gaule (carte 3 de l'atlas).

Au Ier siècle av. J.-C., le général romain Jules César profita du manque d'unité entre les tribus gauloises et de la supériorité de son armée pour conquérir le reste de la Gaule.

■ César contre Vercingétorix

En 52 av. J.-C., plusieurs tribus gauloises se regroupèrent sous l'autorité de Vercingétorix, un jeune chef de la tribu des Arvernes, pour lutter contre les Romains (doc. 1 et 2).

L'armée de César fut battue par les Gaulois à Gergovie (carte 3 de l'atlas).

Quelques semaines plus tard, elle bloqua l'armée de Vercingétorix dans la forteresse

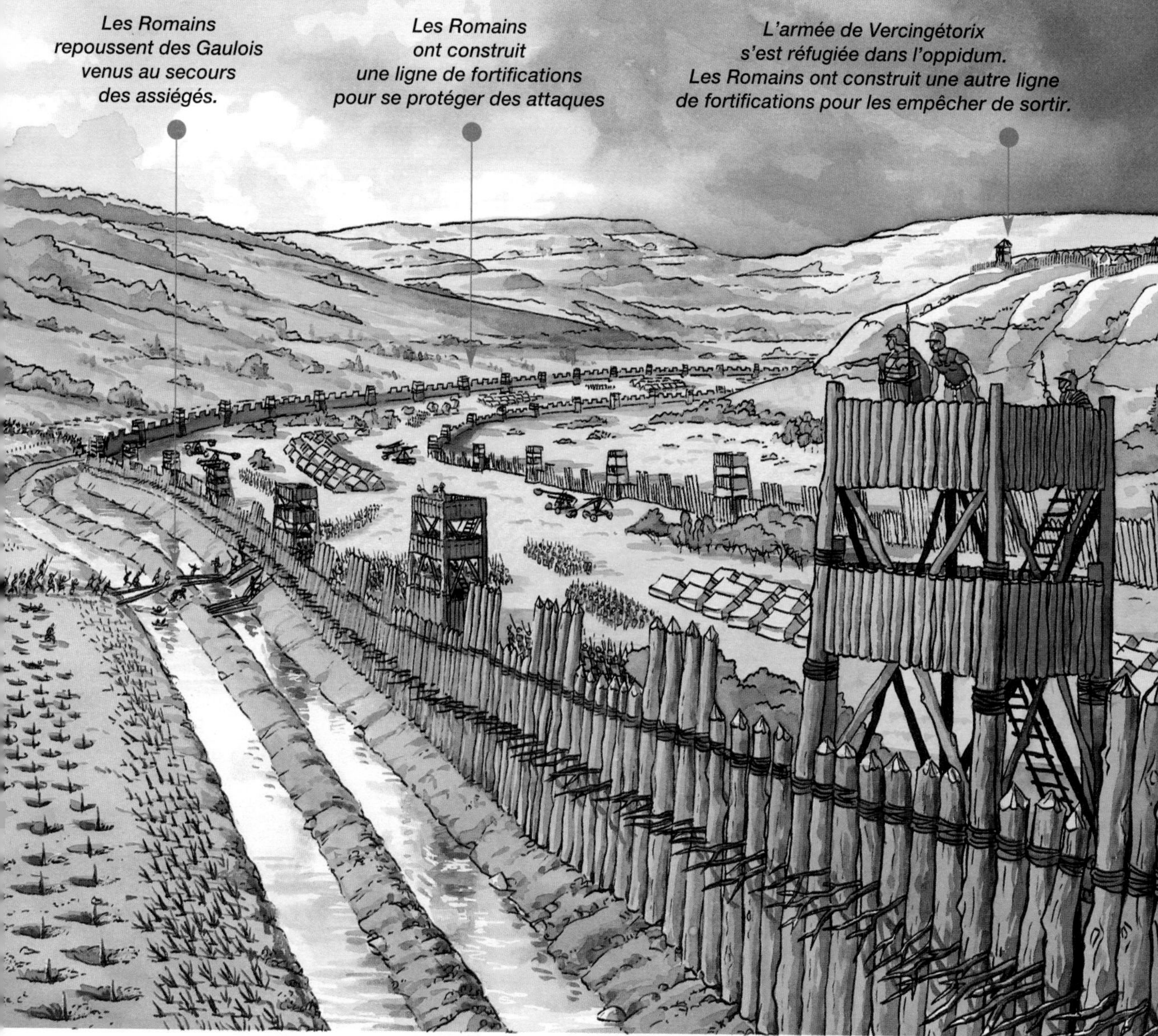

4 Le siège d'Alésia en 52 av. J.-C. (reconstitution)

- **Sur la carte 3 de l'atlas, situe Alésia**
- **Pourquoi les Romains ont-ils remporté la bataille d'Alésia ?**

d'Alésia (doc. 4). Après un siège de deux mois, les Gaulois, affamés, furent contraints de se rendre (doc. 3).

■ La Gaule après la conquête

La Gaule romaine se trouva sous la domination romaine et fut divisée en trois provinces: l'Aquitaine, la Celtique et la Belgique (carte 4 de l'atlas), avec Lyon pour capitale.

Les Romains rétablirent la paix entre les peuples gaulois. Ils firent construire une ligne de fortifications pour protéger le territoire des invasions.

L E X I Q U E

se replier: reculer en bon ordre.

le siège (d'une ville): l'encerclement d'une ville par une armée pour obliger les habitants à se rendre.

voir résumé p. 62

4. La Gaule romaine

La partie haute (aqueduc) servait à amener l'eau dans la ville de Nîmes.

La partie basse (viaduc) permettait aux voyageurs de franchir facilement la vallée.

1 Le pont du Gard

Le « pont du Gard », construit par les Romains, est long de 275 m et haut de 49 m environ.

- **Sur la carte 4 de l'atlas, situe le « pont du Gard ».**
- **En quoi améliorait-il la vie quotidienne ?**
- **En quoi contribuait-il au développement du commerce ?**

2 Les voies romaines

Les Romains ont construit 90 000 kilomètres de routes dans l'empire. Ils aplanissaient le sol, étendaient une couche de pierres puis une couche de sable et des cailloux. Ensuite, ils recouvraient le tout avec un dallage. Tous les « milles » (environ 1 500 mètres), ils plaçaient une borne comme celle-ci pour indiquer la distance entre ce lieu et Rome.

- **D'après les chiffres romains inscrits sur cette borne, combien de milles la séparaient de Rome (cela fait environ 120 kilomètres) ?**
- **En quoi de telles routes permettaient-elles aux Romains de contrôler leur empire ?**
- **En quoi facilitaient-elles le commerce ?**
- **Que signifie l'expression : « Tous les chemins mènent à Rome » ?**

La Gaule, province romaine

Pour faciliter le déplacement des soldats en Gaule, les Romains construisirent de larges routes pavées qui reliaient les villes (carte 3 de l'atlas et doc. 2), des ponts (doc. 1) et des ports.

Ils utilisèrent ces routes et les rivières navigables pour transporter les marchandises et développèrent ainsi le commerce.

Ils encouragèrent la création de grandes fermes appelées « villas », dans lesquels on produisait du blé, du vin, des olives, des fruits et de l'huile. On y élevait aussi des animaux. Les produits de l'agriculture et de l'élevage étaient envoyés à Rome.

La civilisation gallo-romaine

Les agriculteurs, les artisans et les esclaves continuèrent à vivre comme avant la conquête romaine : ils conservèrent leur langue, leurs habitudes, leurs activités et leurs croyances.

3 Une ville gallo-romaine

● Compare cette reconstitution à celle du village gaulois page 53 : les habitations, les rues, les activités, les vêtements.

En revanche, les nobles adoptèrent peu à peu le mode de vie des Romains. Beaucoup s'installèrent dans les villes (doc. 3). Comme les Romains, ils se nourrissaient de gibier, de fruits, de lentilles et de pain. Ils parlaient le latin et s'habillaient de toges. Ils portaient des noms romains. Ils ont construit des villes, des aqueducs, des théâtres ainsi que des temples.

Comme les autres habitants de l'empire, les Gaulois devaient payer des impôts aux Romains. Mais progressivement, les Gallo-Romains acquirent les mêmes droits que les Romains et furent traités comme leurs égaux.

LEXIQUE

les Gallo-Romains : les Gaulois sous la domination et l'influence romaine.

la romanisation: l'adoption du mode de vie, de la langue et des croyances des Romains.

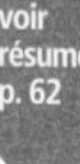

voir résumé p. 62

Les vestiges, sources de l'histoire

5. Nîmes, ville gallo-romaine

Dans les provinces qu'ils ont conquises,
les Romains ont fait construire des villes sur le modèle de Rome.
Les vestiges romains et gallo-romains sont nombreux dans le sud de la France,
en particulier dans la ville de Nîmes (carte 4 de l'atlas).

1 Une maison gallo-romaine (reconstitution)

Les maisons des riches Gallo-Romains étaient grandes, confortables et décorées avec soin.

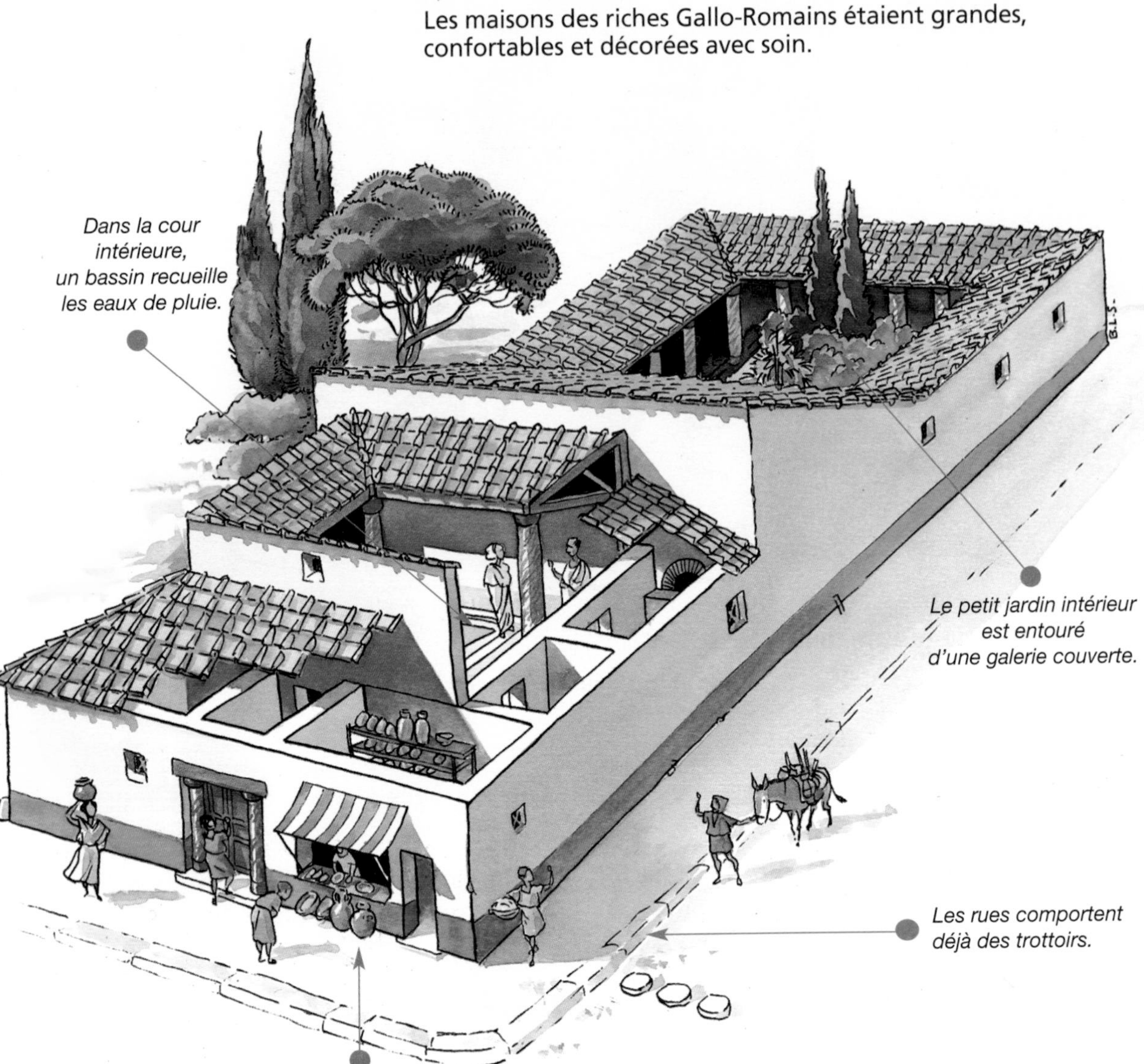

- **En quoi cette belle maison était-elle différente des huttes gauloises ?**
- **A ton avis, à quoi servait la cour intérieure ?**

2 Les arènes de Nîmes

Les Gallo-Romains les plus riches ne travaillaient pas. Ils fréquentaient les bibliothèques, pratiquaient différents sports tels la course, le saut et les jeux de ballon. Comme les Romains, ils aimaient assister à des combats de gladiateurs ou de bêtes féroces, qui se déroulaient dans des arènes comme celles de Nîmes.

- **Où les gladiateurs se plaçaient-ils pour combattre ?**
- **Où les spectateurs s'installaient-ils pour regarder le combat ?**
- **Quels monuments contemporains ressemblent à ces arènes ?**

3 La Maison carrée de Nîmes

Ce temple gallo-romain a été construit entre 20 et 12 av. J.-C. On y vénérait l'empereur de Rome, considéré comme un dieu. Son style s'inspire de celui des temples grecs, avec ses colonnes.

- **Les Gallo-Romains ont-ils conservé leurs croyances gauloises ou adopté les croyances des Romains ?**

voir résumé p. 62

6. Les débuts du christianisme

1 L'enseignement de Jésus

Jésus dit :

« Un homme descendait de Jérusalem à Jéricho, et il tomba au milieu de brigands qui, après l'avoir dévêtu et couvert de plaies, s'en allèrent, le laissant à demi-mort. Par hasard, un prêtre descendait par ce chemin et, le voyant, il passa outre.

De la même façon, un Lévite*, survenant en ce lieu et le voyant, passa outre.

Mais un Samaritain* qui était en voyage, arrivé près de lui et, le voyant, fut pris de pitié. Et s'avançant, il banda ses blessures, y versant de l'huile et du vin ; puis l'ayant fait monter sur sa bête, il l'amena à l'hôtellerie et prit soin de lui.

Et le lendemain, tirant deux deniers, il les donna à l'hôtelier et dit : Prends soin de lui, et tout ce que tu dépenseras en plus, c'est moi qui, lors de mon retour, te le rembourserai. »

Jésus dit : « Va, et toi aussi, fais de même. »

Évangile selon saint Luc.

* Les Lévites et les Samaritains étaient des Juifs habitant dans des régions différentes.

● **Quel est ici le message de Jésus ?**

Une religion nouvelle

Les peuples de l'Empire romain pratiquaient des religions différentes. Les Romains croyaient en l'existence de plusieurs dieux, alors que les Juifs croyaient en un seul dieu.

Au Ier siècle de notre ère, un homme de Palestine (carte 2 de l'atlas), appelé Jésus de Nazareth, annonça qu'il était le Messie (l'envoyé de Dieu) et prêcha une nouvelle religion qui prônait la fraternité entre les hommes (doc. 1).

Considéré comme un agitateur, il fut condamné à mort et exécuté à Jérusalem.

L'essor du christianisme

Après la mort de Jésus sur une croix, ses disciples affirmèrent qu'il était ressuscité. Ils parcoururent l'Empire romain pour diffuser son message et mirent son enseignement par écrit dans les Évangiles.

Certains empereurs romains, craignant que les chrétiens s'opposent à leur pouvoir, interdirent cette religion. Persécutés, les chrétiens pratiquaient le culte dans la clandestinité.

Malgré les difficultés le christianisme continua à se répandre. Au IVe siècle, il fut

2 La christianisation des Gallo-Romains

(enluminure du XIe siècle)

On raconte qu'un jour d'hiver, saint Martin coupa son vêtement pour le partager avec un pauvre qui mourait de froid. Devenu chrétien, il consacra sa vie à convertir les Gallo-Romains au christianisme.

- **Qu'est-ce qu'un chrétien ?**
- **Pourquoi saint Martin coupe-t-il son vêtement ?**

3 Le baptistère de Fréjus

Ce baptistère date du Ve siècle. On le remplissait d'eau, dans laquelle, en signe de purification, s'immergeaient ceux qui voulaient devenir chrétiens : c'est le baptême.

- **Sur la carte 4 de l'atlas, situe Fréjus.**

autorisé et l'empereur Constantin lui-même se convertit.

La christianisation de la Gaule

Le christianisme se répandit en Gaule au IVe siècle, notamment sous l'action de saint Martin de Tours, soldat romain (doc. 2).

La communauté chrétienne s'organisa peu à peu : l'ensemble des chrétiens formait l'Église, dirigée par des prêtres et des évêques. Les nouveaux croyants recevaient le baptême, symbole de leur entrée dans l'Église (doc. 3).

LEXIQUE

un chrétien: une personne qui croit au christianisme.

le christianisme: la religion de ceux qui croient en Jésus (également appelé le Christ).

dans la clandestinité: en se cachant.

convertir: convaincre quelqu'un d'adopter une religion.

une église *(avec une lettre minuscule)*: un bâtiment dans lequel les chrétiens pratiquent leur culte.

une Église *(avec une lettre majuscule)*: un ensemble de chrétiens ayant les mêmes croyances.

persécuter: maltraiter quelqu'un sans relâche et de manière cruelle.

ressusciter: redevenir vivant.

voir résumé p. 62

Exercice

Cette reconstitution montre Vercingétorix, vaincu, rendant les armes à César en 52 av. J.-C.

1. Quelle est la nature de ce document ?

2. Quelle est l'attitude de Vercingétorix ?

3. Quelle est l'attitude de Jules César ?

4. Quels éléments humoristiques les auteurs ont-ils introduits dans leur dessin ?

5. Quels éléments montrent que les auteurs sont favorables à Vercingétorix ?

6. Dans la réalité, qu'est-il arrivé à Vercingétorix après s'être rendu ?

Résumés

La Gaule

Les écrits sources de l'histoire

César décrit la Gaule

César, général romain, a combattu en Gaule au Ier siècle avant notre ère. Il a laissé des écrits qui sont une source précieuse de renseignements sur les Gaulois juste avant la conquête romaine.

La Gaule celtique

Les Gaulois étaient des agriculteurs et d'excellents artisans. Ils étaient organisés en tribus et construisaient des places fortifiées pour se défendre.

La conquête romaine

Au Ier siècle av. J.-C., les Gaulois se sont unis autour de Vercingétorix pour repousser les Romains. Mais l'armée de Jules César les a battus à Alésia et a conquis la Gaule.

La Gaule romaine

La Gaule est devenue une province romaine. Les Gaulois ont adopté le mode de vie des Romains. Le christianisme s'est répandu dans le pays.

Les vestiges, sources de l'histoire

Nîmes, ville gallo-romaine

On trouve de nombreux vestiges gallo-romains dans le sud de la France : les restes de « villas », des temples, des arènes. Ils témoignent de l'influence des Romains sur les Gaulois.

Les débuts du christianisme

Au Ier siècle de notre ère, Jésus de Nazareth prêcha une religion de fraternité. Ses disciples diffusèrent le christianisme dans l'Empire romain. En Gaule, il s'est répandu sous l'action de saint Martin.

La naissance de la France

Ve siècle - IXe siècle

Les historiens appellent Moyen Age la période qui commence en 476, à la chute de l'Empire romain, et qui dure environ 1 000 ans. Le début du Moyen Age est une époque troublée, marquée par les guerres. C'est à cette époque que la France s'est constituée.

Attaque d'une ville par des cavaliers carolingiens
(miniature du IXe siècle, musée de Saint-Gall)

- **Quelles armes ces soldats utilisent-ils ?**
- **Où leurs ennemis se sont-ils réfugiés ?**

1. Les grandes migrations

1 Un guerrier barbare (reconstitution)

- Nomme les vêtements et les armes que porte ce guerrier.
- Compare-le au guerrier gaulois de la page 54 et au guerrier romain de la page 47 : les Gaulois portaient-ils des cheveux longs et une moustache comme ce « Barbare » ? Utilisaient-ils les mêmes armes ?

2 Les migrations des Barbares

Ni la profondeur des épaisses forêts, ni la hauteur des montagnes, ni les tourbillons des fleuves, ni la solidité des forteresses et des remparts, ni les mers, ni la solitude des déserts, ni l'étroitesse des vallées n'ont fait reculer les Barbares.

D'après Orientius, poète et probablement évêque d'Auch, Ve siècle.

- Quels éléments naturels auraient dû empêcher l'avancée des Barbares ?
- Quels éléments humains auraient pu l'empêcher ?
- Qu'est-ce que ce texte nous apprend sur la volonté des Barbares ?

La disparition de l'Empire romain

A partir du IIIe siècle, l'Empire romain devint fragile. A l'intérieur, des généraux se disputaient le pouvoir. A l'extérieur, les peuples germaniques (que les Romains appelaient les « Barbares ») devenaient menaçants : ils attaquaient certaines régions pour en piller les richesses (doc. 1). Les récoltes diminuèrent, les transports devinrent difficiles à cause de l'insécurité qui régnait sur les routes.

Au Ve siècle, pour échapper aux Huns venus d'Asie, certains peuples barbares s'installèrent en Gaule (doc. 2 et carte 5 de l'atlas). En 476, débordé et envahi par les Barbares, l'Empire romain disparut.

Les royaumes barbares

Les Barbares fondèrent plusieurs royaumes en Gaule (doc. 3). L'un d'eux, celui des Francs, a donné son nom à la France (carte 5 de l'atlas).

Ces royaumes n'avaient pas de frontières précises et se combattaient sans cesse pour étendre leur territoire.

Dans le Royaume franc, les Gallo-Romains et les Francs vivaient en paix. Les Gallo-Romains vivaient encore sous la loi romaine,

3 Un roi barbare (enluminure du Xe siècle)

- Sur la carte 5 de l'atlas, situe les peuples barbares.
- L'habillement de ce roi ressemble-t-il à celui des Gaulois ? à celui des Gallo-Romains ?
- Y avait-il des rois à l'époque des Gaulois ?

4 La loi salique

Si quelqu'un vole ou tue un chien de berger, l'amende est de 3 sous.

Si quelqu'un vole un cochon, l'amende est de 17 sous.

Si quelqu'un vole ou tue un esclave, l'amende est de 30 sous.

Si quelqu'un arrache à quelqu'un une main, un pied ou un œil ou lui coupe le nez, l'amende est de 100 sous.

Si quelqu'un coupe l'index de quelqu'un (qui sert à tirer avec un arc), l'amende est de 35 sous.

Si quelqu'un tue un Franc libre, l'amende est de 200 sous.

Si quelqu'un tue un Romain, l'amende est de 100 sous.

D'après la loi salique, Ve siècle.

- **Quels renseignements ce texte fournit-il sur la vie quotidienne de l'époque (activités agricoles, méthodes de chasse, alimentation...) ?**
- **Classe les amendes pour meurtre dans l'ordre croissant. Quels habitants de la Gaule étaient les moins considérés ? Lesquels étaient les mieux considérés ?**
- **La loi salique te paraît-elle sévère ?**

égale pour tous. Les Francs respectaient la loi salique (doc. 4).

Une nouvelle civilisation

Peu à peu, les civilisations romaine et germanique fusionnèrent. On prit l'habitude de manger de la soupe le soir, à la manière germanique. Les noms romains disparurent, remplacés par des prénoms d'origine germanique, comme Louis et Charles. En revanche, l'usage de s'habiller à la romaine se répandit chez les Germains. Enfin, le latin et les langues germaniques se mélangèrent pour former des dialectes régionaux (dont le français est issu).

Le mélange des coutumes a donné naissance à une nouvelle civilisation dont la France contemporaine est l'héritière.

LEXIQUE

un dialecte: une manière particulière de parler une langue.

fusionner: se mélanger pour ne plus faire qu'un.

germanique: qui a trait aux Germains, peuple qui vivait dans le nord-est de l'Europe.

une migration : le déplacement d'une population vers une nouvelle région, vers un nouveau pays.

la loi salique: la loi des tribus franques.

voir résumé p. 76

Armes et bijoux, sources de l'histoire

2. Les Francs

Originaires de la région du Rhin, les Francs fondèrent un royaume dans le nord de la Gaule, au Ve siècle. Dans les tombes des chefs francs, les archéologues ont retrouvé des armes et de magnifiques bijoux qui nous fournissent de précieux renseignements sur la vie des Francs.

1 Armes des guerriers francs

Plus solides et plus efficaces que les armes romaines, les armes des guerriers francs leur ont permis de vaincre les Romains. Elles témoignent de l'habileté des forgerons francs.

● Fais la liste des matériaux utilisés pour fabriquer ces armes.

Les Francs utilisaient des poignards.

Les fourreaux servaient d'étuis pour les épées ; ils étaient en cuir ou en os.

Ce casque doré appartenait à un chef vivant au VIIe siècle.

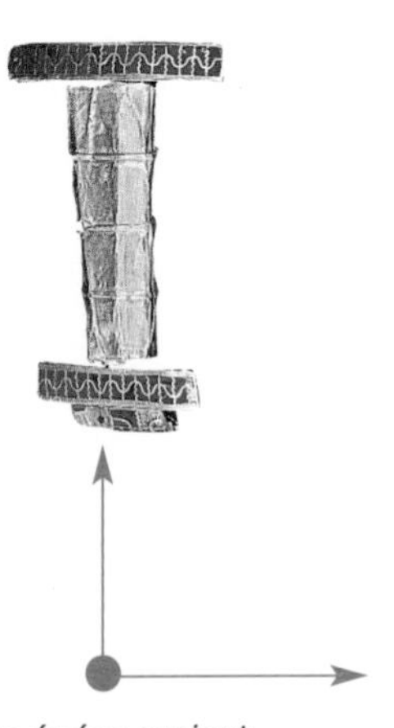

Les épées avaient des poignées recouvertes de feuilles d'or et ornées de pierres colorées.

2 Bijoux des femmes franques

Ces objets de parure ont été découverts dans des tombes, comme celle de la reine Arégonde, morte vers 560 et enterrée à Saint-Denis près de Paris.
Ils témoignent du raffinement des toilettes féminines.

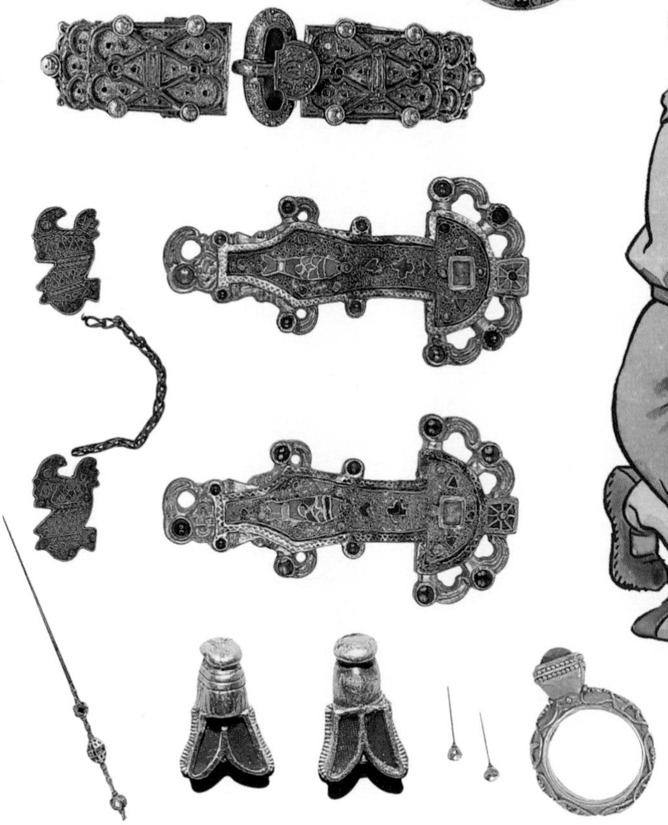

● **Retrouve chacun de ces bijoux sur la reconstitution.**

3 Vaisselle franque

Cette vaisselle a été retrouvée dans la tombe d'une jeune noble franque, morte vers l'an 500 dans l'est de la France.

● **Nomme chaque objet.**

● **Indique avec quel matériau chacun d'eux a été fabriqué (bronze, verre…).**

voir résumé p. 76

3. Clovis et le Royaume franc

1 Le baptême de Clovis à Reims

(miniature du XIVe siècle)

En 496, Clovis se fit baptiser avec 300 de ses soldats.

- **Sur la carte 5 de l'atlas, situe Reims.**
- **A ton avis, de qui Clovis obtint-il le soutien en se faisant baptiser ?**

Le royaume de Clovis

En 481, Clovis, âgé de 15 ans, devint le premier roi de tous les Francs. Les Francs occupaient alors le nord de la Gaule et l'actuelle Belgique. Sous son commandement, ils conquirent la Gaule qui devint un vaste royaume (carte 5 de l'atlas).

En 496, Clovis et ses soldats se convertirent au catholicisme (doc. 1 et 2). Le roi reçut alors le soutien de l'Église et contribua à l'expansion du christianisme dans les campagnes (doc. 3).

Clovis développa le commerce entre le Royaume franc et les régions voisines: il encouragea les foires et les marchés et fit entretenir les routes construites par les Romains pour faciliter les déplacements des marchands (carte 6 de l'atlas).

L'émiettement du pouvoir

A sa mort en 511, Clovis laissa un royaume vaste mais encore mal organisé et fragile. Paris en était la capitale. Selon la coutume, ses fils se partagèrent le royaume.

A partir du VIe siècle, le pays franc fut donc

2 La conversion de Clovis

La reine Clotilde demandait sans cesse à son mari de se convertir. Mais elle ne parvenait pas à le convaincre. Un jour, la guerre fut déclenchée contre les Alamans. Le conflit dégénéra en un violent massacre et l'armée de Clovis fut sur le point d'être vaincue. Ému jusqu'aux larmes, Clovis s'écria: « Jésus-Christ, je te demande ton aide. Si tu me donnes la victoire, je me ferai baptiser en ton nom. » Au moment même où il disait ces mots, les Alamans commencèrent à prendre la fuite.

D'après Grégoire de Tours, VIe siècle.

- **Pourquoi Clovis a-t-il décidé de se convertir au christianisme ?**
- **Grégoire de Tours a-t-il pu être témoin de ce qu'il raconte ? (justifie ta réponse)**

3 Le vase de Soissons

En arrivant à Soissons, Clovis dit aux soldats: « Je vous prie de bien vouloir me donner ce vase. » A ces mots, les soldats répondirent: « Glorieux roi, tout ce que nous voyons ici est à toi. » Mais l'un des soldats, jaloux, brandit sa hache et frappa le vase.

Un an s'étant passé, le roi fit rassembler toute sa troupe, chacun devant montrer ses armes bien entretenues. Il arriva devant celui qui avait frappé le vase et lui dit: « Personne n'a d'armes aussi mal tenues que les tiennes. » Et, saisissant sa hache, il la jeta à terre. Le soldat s'inclina pour la ramasser. Alors le roi, levant la sienne à deux mains, la lui enfonça dans le crâne en disant: « Voilà ce que tu as fait au vase de Soissons. »

D'après Grégoire de Tours, VIe siècle.

- **Sur la carte 5 de l'atlas, situe Soissons.**
- **Clovis avait-il une grande autorité sur son armée ?**

4 Les rois fainéants

Le roi devait se contenter de son titre, de siéger sur son trône, la chevelure et la barbe pendante, de transmettre les ordres qu'on lui avait dictés. Il ne possédait qu'un très petit domaine, avec une maison et quelques serviteurs, peu nombreux. Quand il se déplaçait, il montait dans une voiture attelée à des bœufs. Toutes les décisions étaient prises par le maire du palais.

D'après Eginhard, Vie de Charlemagne, *IXe siècle.*

- **Qui prenait toutes les décisions à la cour des rois mérovingiens ?**
- **Quel était le pouvoir du roi ? la richesse du roi ?**
- **Pourquoi a-t-on appelé les derniers Mérovingiens les « rois fainéants » ?**

---

régulièrement divisé en plusieurs royaumes, souvent en guerre les uns contre les autres.

Peu à peu, les rois perdirent toute autorité sur le pays, au profit du maire de palais, propriétaire le plus puissant du royaume, qui exerçait le pouvoir à leur place. Au VIIIe et au IXe siècle, de nouvelles migrations achevèrent de désorganiser le royaume:
– celle des Arabes venus du sud, où ils avaient conquis de nombreux territoires en Asie, en Afrique et dans le sud de l'Europe;
– celle des Bretons arrivés par la mer à l'ouest.

LEXIQUE

une capitale: la principale ville d'un pays, dans laquelle vit le roi ou les personnes qui dirigent ce pays.

un catholique: un chrétien qui reconnaît le pape comme chef de l'Église.

un évêque: un chef religieux chrétien responsable d'une région.

un maire du palais: la personne qui dirige le palais du roi.

un monastère, une abbaye: un endroit dans lequel vivent des religieux (des moines).

voir résumé p. 76

4. Les invasions arabes

Venus d'Arabie, les Arabes musulmans cherchaient à dominer un vaste territoire et à convertir les autres peuples à leur religion : l'islam.

1 La naissance de l'islam

Vers 610 ap. J.-C., un marchand arabe nommé Mohammed (ou Mahomet) commença à prêcher une nouvelle religion : l'islam. Il demandait aux hommes de croire en un dieu unique et de vivre une vie juste. Il fit de La Mecque la ville sainte de l'islam. A la mort du prophète, en 632, de nombreux Arabes s'étaient convertis à l'islam.

- **Quelles autres religions parlent d'un dieu unique ?**

2 Les conquêtes arabes

A partir du VIIe siècle, les Arabes se lancèrent à l'assaut de l'Afrique, de l'Asie puis de l'Europe. Ils conquirent un vaste empire. En 714, les Arabes (que l'on appelait alors les Sarrasins) attaquèrent le Royaume franc par le sud.

- **Sur la carte 2 de l'atlas, situe l'Arabie.**

3 La bataille de Poitiers (732)

(Tableau de Jean Steuben, XIXe siècle, Versailles, musée du Château)

Les Arabes franchirent les montagnes du pays basque et s'avancèrent dans le pays des Francs. Mais Charles Martel leur fit front. Pendant sept jours, les deux armées se préparèrent au combat. Ensuite, les Francs massacrèrent les Arabes à coups d'épée. Quand la nuit tomba, le combat prit fin. Le jour suivant, les Francs virent le camp immense des Arabes. Ils observèrent leurs tentes et découvrirent qu'elles étaient toutes vides. En silence, pendant la nuit, leurs adversaires étaient partis.

D'après un texte arabe anonyme.

En 732, sous le commandement de Charles Martel, les Francs repoussèrent victorieusement les Sarrasins à Poitiers: les chevaux francs étaient plus puissants que les chevaux légers arabes; les Sarrasins étaient armés de sabres, de lances et d'arcs, moins efficaces dans le combat rapproché que les épées courtes et les francisques utilisées par les Francs.

- **Sur la carte 6 de l'atlas, situe Poitiers.**
- **Sur le tableau, où se trouvent les Francs ? les Arabes ?**
- **Que symbolise la croix à gauche de cette reconstitution ?**

LEXIQUE

une aumône: un don fait aux pauvres.

une francisque: une hache de guerre utilisée par les Francs.

l'islam: la religion enseignée par le prophète Mohammed (ou Mahomet). Ceux qui pratiquent cette religion sont appelés les « musulmans ».

jeûner: se priver de nourriture.

une mosquée: un bâtiment dans lequel les musulmans prient.

un pèlerinage: un voyage vers un lieu saint, effectué pour des raisons religieuses.

un prophète: une personne qui parle au nom d'un dieu.

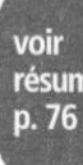
voir résumé p. 76

5. L'empire de Charlemagne

1 Charlemagne
(Musée du Louvre)

- **Sur la chronologie de l'atlas page 5, trouve à quelle date Charlemagne a été sacré empereur.**
- **D'après la carte 6 de l'atlas, dans quelles directions Charlemagne a-t-il conquis de nouveaux territoires ?**
- **Sur cette statue, quels éléments symbolisent son pouvoir ?**

2 Le sacre de Charlemagne

Tous se trouvèrent réunis dans la basilique à l'occasion de la fête de Noël. Le pape couronna de ses propres mains le roi en lui imposant une couronne très précieuse. Alors les fidèles poussèrent unanimement l'acclamation : « A Charles très pieux Auguste, couronné par Dieu grand et pacifique empereur, vie et victoire ! » Cette acclamation se fit entendre trois fois. Immédiatement après, le pape mit de l'huile sainte sur le front de Charles.

D'après le Livre pontifical, 800.

- **Par qui Charlemagne est-il sacré ?**
- **En quoi ce sacre accroît-il l'autorité de Charlemagne ?**

Charlemagne

A la fin du VIIIe siècle, Charlemagne (c'est-à-dire Charles le Grand) (doc. 1), roi des Francs, voulut redonner son unité au Royaume franc.

Il lança son armée à la conquête des pays voisins (doc. 3 et carte 6 de l'atlas) et agrandit le pays, qui devint un véritable empire.

Il l'organisa en créant des comtés dirigés par des comtes chargés d'y maintenir l'ordre, d'y faire exécuter ses décisions et d'y rendre la justice (doc. 4). Il envoya dans tout l'empire des *missi dominici* pour contrôler l'action des comtes et l'informer de ce qui se passait dans le pays (doc. 5).

Charlemagne s'allia l'Église chrétienne pour qu'elle le soutienne. En 800, il se fit sacrer empereur par le pape, affirmant ainsi qu'il tenait son pouvoir de Dieu (doc. 2). En contrepartie, il fit construire des églises et encouragea les moines à créer des écoles.

La disparition de l'empire

A la mort de Charlemagne (814), ses descendants se querellèrent pour lui succéder. En 843, par le traité de Verdun, ils partagèrent l'empire en trois royaumes.

De nouveaux envahisseurs venus du nord par la mer, les Vikings, ravagèrent la Francie occidentale. Les populations se réfugièrent dans les châteaux forts pour se protéger (carte 6 de l'atlas).

Progressivement, elles ne reconnurent plus d'autre autorité que celle des seigneurs, qui devinrent les véritables maîtres du royaume : les rois perdirent à nouveau tout pouvoir et le pays se trouva morcelé.

3 Les conquêtes de Charlemagne

- Décris l'habillement et l'armement des soldats de Charlemagne.
- A ton avis, que transportent-ils sur le chariot ?

4 Charlemagne et les comtes

- Où se trouve Charlemagne ?
- En quoi cette réunion renforce-t-elle son autorité ?

L E X I Q U E

un château fort: un château entouré de remparts.

un comte: un seigneur à qui le roi a confié un grand domaine, le comté.

les *missi dominici*: les inspecteurs royaux.

se faire sacrer: faire confirmer son pouvoir par un évêque ou le pape lors de la cérémonie du sacre.

5 Les missi dominici

L'empereur Charles a choisi les hommes les plus avisés et les a envoyés dans tout le royaume. Il leur a ordonné de se renseigner activement et de l'informer sur les pratiques contraires à la loi. Que personne n'ose s'opposer à la loi en vigueur. Que les comtes veillent à ce que les *missi* puissent aller à travers leur domaine sans être empêchés, s'ils veulent conserver la faveur de l'empereur.

D'après le Capitulaire des « missi dominici », 802.

- **Quelle était la mission des *missi dominici* ?**

voir résumé p. 76

L'art, source de l'histoire

6. Les invasions normandes

Pour découvrir le passé, les historiens disposent de plusieurs sources : des vestiges, des écrits, des pièces de monnaie, mais également des œuvres d'art. Par exemple, la tapisserie de la reine Mathilde, longue de 70 mètres et réalisée à la fin du XIe siècle, raconte, un peu comme une bande dessinée, les invasions normandes en Europe.

1 Les drakkars

C'est sur de tels bateaux que les Vikings, venus du nord de l'Europe au VIIIe siècle, ont longé les côtes françaises et remonté le cours des fleuves. En 841, ils ont atteint Paris.

● **Sur la carte 6 de l'atlas, trouve d'où venaient les Vikings.**

La figure de proue est destinée à faire peur aux ennemis.

La rame de côté sert de gouvernail.

Le drakkar fait 20 à 30 m de long. Il peut transporter de nombreux hommes, des chevaux et parcourir 200 km par jour.

La voile permet d'avancer en mer, mais il faut aussi 32 rameurs pour faire avancer le drakkar, notamment quand il remonte un fleuve.

2 Les attaques

Au cours de leur avancée, les Vikings, à cheval, descendaient de leurs bateaux et attaquaient les habitants. Mais ils se heurtaient à une résistance acharnée et les batailles étaient souvent sanglantes.

3 Les pillages

Pour se ravitailler et s'enrichir, les Vikings pillaient ce qu'ils trouvaient sur leur passage: châteaux, églises… Leurs invasions ont gravement appauvri la France.

● **Qu'est-ce que ces Vikings pillent ?**

4 Le siège de Dinan

Pour se protéger des Vikings, les habitants du Royaume franc ont construit des fortifications. Les Vikings ou Normands (c'est-à-dire « les hommes du Nord ») se sont installés dans une région à laquelle ils ont donné leur nom: la Normandie (carte 6 de l'atlas).

Les habitants, vaincus, tendent les clefs de leur forteresse.

5 Les victoires de Guillaume le Conquérant

La tapisserie de la reine Mathilde raconte comment, en 1066, les Normands, dirigés par Guillaume le Conquérant, ont traversé la Manche et conquis l'Angleterre.

LEXIQUE

des fortifications: des palissades ou des murailles destinées à protéger un château, une ville…

● **A ton avis, pourquoi les Normands ont-ils été vainqueurs ?**

● **Quelles informations la tapisserie de la reine Mathilde fournit-elle sur l'équipement et les armes des Normands ?**

voir résumé p. 76

Exercice

Cette enluminure date du XIVᵉ siècle. Elle représente un épisode de l'affaire du vase de Soissons.

1. Pourquoi un guerrier de Clovis a-t-il brisé le vase de Soissons ?

2. Pourquoi Clovis s'est-il fâché ?

3. Quel épisode est représenté ici ?

Résumés

La naissance de la France

Les grandes migrations

Les Barbares venus du Nord ont progressivement migré en Gaule. Ils ont vaincu l'Empire romain, qui a disparu en 476. Ils ont fondé des royaumes et se sont mélangés aux Gallo-Romains.

Armes et bijoux, sources de l'histoire

Les Francs

Dans les tombes des Francs, on a retrouvé des armes, des bijoux et de la vaisselle. Ils montrent que les Francs étaient d'habiles artisans, notamment dans le travail du métal.

Clovis et le Royaume franc

Au Vᵉ siècle, Clovis a unifié la Gaule pour en faire un grand royaume. Il s'est converti au christianisme et a favorisé le développement du commerce. Après lui, le Royaume franc s'est divisé.

Les invasions arabes

Au VIIᵉ et au VIIIᵉ siècle, les Arabes musulmans conquirent un vaste empire. En 732, les Francs dirigés par Charles Martel les repoussèrent à Poitiers, alors qu'ils tentaient d'envahir la France.

L'empire de Charlemagne

Charlemagne, devenu empereur en l'an 800, agrandit le Royaume franc, l'organisa et gouverna en s'alliant avec l'Église.

L'art, source de l'histoire

Les invasions normandes

La tapisserie de la reine Mathilde raconte l'invasion de l'Europe par les Vikings (ou Normands), du VIIIᵉ au XIᵉ siècle.

La société au Moyen Age

7

Au Moyen Age, la société française est organisée en trois catégories sociales : ceux qui travaillent (les paysans, les artisans et les commerçants), ceux qui combattent (les seigneurs et les chevaliers) et ceux qui prient (les gens d'Église).

Miniature du XIVe-XVe siècle.

Sur cette représentation, trouve :

- **le seigneur (avec une robe courte) ;**
- **le chevalier (en armure) ;**
- **les deux prêtres ;**
- **les deux paysans.**

1. Ceux qui travaillaient : les paysans

1 Les travaux agricoles (miniatures du XIIIe siècle, Paris, Bibliothèque nationale de France)

● **Identifie les outils utilisés et énumère les travaux des paysans.**

■ De lourdes charges

Au Moyen Age, les paysans n'étaient pas propriétaires de leurs champs: les terres sur lesquelles ils travaillaient appartenaient à un seigneur ou à l'Église. Certains paysans, les serfs, n'étaient pas libres: le seigneur pouvait les vendre avec leur terre.

En échange d'une tenure, les paysans payaient une redevance ou donnaient une partie de leur récolte à leur seigneur. Ils effectuaient aussi des corvées sur les terres réservées au seigneur (doc. 2).

Les paysans étaient obligés d'utiliser le moulin, le four et le pressoir du seigneur et de lui payer des taxes en retour. Ils versaient également un impôt à l'Église: la dîme.

■ Une vie difficile

Les paysans cultivaient surtout des céréales. Ils utilisaient des instruments rudimentaires (doc. 1) et devaient pratiquer la jachère, c'est-à-dire laisser un champ au repos une année sur deux ou trois, pour ne pas épuiser les sols. Les rendements étaient donc faibles.

Les paysans du Moyen Age menaient une vie rude. Ils vivaient dans de petites maisons, se nourrissaient de bouillie de céréales, de pain, de fruits sauvages et de gibier. Ils étaient souvent victimes de la disette, voire de la famine. Parfois, quand leur situation devenait trop difficile, ils se révoltaient contre leur seigneur.

2 Les taxes et les corvées

Les paysans doivent faucher les foins. En août, ils font la moisson du blé. Ils ne peuvent prendre leur récolte qu'après que le seigneur a pris sa part. En septembre, ils doivent donner un porc sur huit. En octobre, ils paient l'impôt. Au début de l'hiver, ils doivent la corvée. A Pâques, le paysan doit donner des moutons et faire une nouvelle corvée de labour. Il doit aussi couper les arbres. Quand il va au moulin ou au four, il doit payer encore.

D'après la Complainte des vilains de Versons.

● **Quand les paysans doivent-ils:**
– payer?
– céder une partie de leur production?
– fournir des journées de travail?

3 L'évolution des techniques agricoles au Moyen Age

● **Énumère les progrès agricoles réalisés au cours du Moyen Age.**

■ Les progrès de l'agriculture

A partir du XIe siècle, les paysans ont amélioré leurs techniques et inventé de nouveaux outils, tels que la charrue, le collier d'épaule, le moulin à eau et à vent... (doc. 3).

Ces progrès ont permis d'améliorer les rendements agricoles, donc d'obtenir des récoltes plus abondantes. Les paysans ont pu varier leur alimentation en cultivant des fèves et des pois, en développant l'élevage et en fabriquant du pain avec de la farine de céréales. Mieux nourrie, la population augmenta. On se mit donc à défricher des forêts et assécher des marais pour accroître les terres cultivables.

L E X I Q U E

une corvée: un travail gratuit effectué par les paysans sur les terres du seigneur.

défricher: couper les arbres et arracher la végétation naturelle pour rendre un terrain cultivable.

une disette: un manque de vivres.

une famine: un manque total de vivres, provoquant la mort des populations.

une redevance: une somme d'argent à payer en échange d'un bien ou d'un service.

les rendements agricoles: la quantité de récoltes par rapport à la surface cultivée.

rudimentaire: grossier, peu efficace.

une tenure: une terre cultivée par un paysan mais appartenant au seigneur.

voir résumé p. 92

L'art, source de l'histoire

2. Artisans et commerçants

Il reste de nombreuses œuvres d'art qui datent du Moyen Age. Certaines de ces œuvres d'art nous montrent comment les hommes vivaient à cette époque, quels métiers ils exerçaient, quelles techniques ils employaient...

1 Une enluminure (XIIIe siècle) **2 Une miniature** (XVe siècle)

Au Moyen Age, les livres étaient copiés à la main. Pour les décorer, on dessinait des petites scènes sur les pages: ce sont les « enluminures » et les « miniatures ».

- **Quels métiers sont représentés sur les documents ci-dessus?**
- **A quoi sert le moulin?**
- **Comment fonctionne-t-il?**

3 Une fresque (XVe siècle)

Une fresque est une peinture réalisée sur un mur.
Celle-ci représente un corroyeur qui travaille le cuir: après l'avoir trempé dans du lait et des bains d'écorce de chêne, il le fait sécher sur un cadre en bois. Ainsi assoupli, le cuir sera ensuite utilisé par le cordonnier.

- **Quelle étape du travail du corroyeur est représentée sur cette fresque?**

4 Une mosaïque (XIIIe siècle)

Une mosaïque est un assemblage de petites pièces en pierre ou en terre cuite. Celle-ci représente un maçon.

- **Quel outil utilise-t-il ?**
- **A ton avis, que fabrique-t-il dans son bac ?**

5 Un vitrail (Sémur-en-Auxois, XVe siècle)

Un vitrail se compose de panneaux de verre coloré. Il sert généralement à orner les fenêtres, notamment dans les églises. Ce vitrail représente un drapier : il fabrique et vend des tissus.

- **Que fait ce drapier avec ce tissu ?**
- **Parmi les métiers présentés dans cette leçon, lesquels existent encore aujourd'hui ?**

6 Un sceau

Autrefois, pour « signer » un document, les hommes importants y faisaient couler un peu de cire sur laquelle ils imprimaient leur marque personnelle à l'aide d'un sceau en métal.

- **Quel métier est représenté sur ce sceau ?**

voir résumé p. 92

3. Ceux qui combattaient : seigneurs et chevaliers

1 Le domaine seigneurial

● Sur cette reconstitution, retrouve le château, le village, la réserve, les tenures, le pressoir et le four.

Le pouvoir des seigneurs

Au cours du Moyen Age, la France a connu des invasions, des guerres et des pillages. Les rois, qui ne parvenaient plus à maintenir l'ordre, avaient perdu leur autorité au profit des seigneurs.

Véritables maîtres dans leurs domaines (doc. 1), ceux-ci entretenaient une armée, rendaient la justice et collectaient les impôts pour leur propre compte. En contrepartie, ils devaient protection aux habitants de leur domaine.

Les seigneurs ont d'abord construit des châteaux en bois, entourés de palissades, puis des châteaux forts en pierre dans lesquels les paysans pouvaient se réfugier.

La féodalité

Pour défendre son domaine, chaque seigneur avait recours à des chevaliers qui lui prêtaient serment (doc. 3) et combattaient à ses côtés lors des guerres. En contrepartie, chaque chevalier recevait un fief dans lequel il pouvait faire travailler des serfs. Le seigneur devenait ainsi le suzerain du chevalier ; le chevalier devenait son vassal.

La société du Moyen Age reposait sur ce lien qui unissait les suzerains et leurs vassaux : les suzerains avaient des vassaux qui, eux-mêmes, avaient des vassaux. Ainsi, tous les seigneurs étaient liés entre eux. Cette organisation s'appelait la « féodalité ».

Les troubadours sont des poètes qui vont de château en château pour chanter et réciter leurs œuvres.

Lors de l'adoubement, le chevalier reçoit une épée.

Le heaume protège la tête du chevalier pendant les combats. Une cotte de maille protège son corps.

Le bouclier ou écu arrête les coups.

2 L'adoubement (miniature du XIVe siècle)

● Quel équipement ce chevalier reçoit-il lors de son adoubement ?

3 L'hommage (sceau du XIIIe siècle)

Au cours de cette cérémonie, le vassal, à genoux, met ses mains dans celles de son suzerain, lui jure fidélité et s'engage à le servir. Le suzerain lui remet un épi de blé, symbole du fief qu'il lui confie.

Une vie consacrée au combat

Les seigneurs habitaient dans les châteaux forts. Ils vivaient bien grâce aux taxes versées par les paysans et aux récoltes faites dans la partie du domaine sur laquelle les paysans effectuaient des corvées. Les Grands du royaume menaient même une existence luxueuse.

Les seigneurs étaient sans cesse en guerre. Aussi les chevaliers consacraient-ils leur vie au combat. En temps de paix, ils s'entraînaient en organisant des tournois.

Ils enseignaient aussi l'art du combat à de jeunes écuyers qui se préparaient à devenir chevaliers (doc. 2).

LEXIQUE

un adoubement: une cérémonie au cours de laquelle un homme est nommé chevalier.

un chevalier: un guerrier qui combat à cheval.

un écuyer: un apprenti chevalier.

un fief: un domaine que le seigneur confie à un chevalier.

un hommage: une cérémonie au cours de laquelle un chevalier jure fidélité à un seigneur.

un seigneur: une personne qui détient des pouvoirs sur un domaine.

un suzerain: un seigneur qui accorde sa protection à un chevalier.

un tournoi: un combat entre chevaliers, destiné à les entraîner.

un vassal: un chevalier qui a juré fidélité à un seigneur et a reçu un fief.

voir résumé p. 92

Les monuments, sources de l'histoire

4. Les châteaux forts

L'étude des monuments historiques fournit des renseignements intéressants sur le passé. Par exemple, on trouve de nombreux vestiges de châteaux datant du Moyen Age, comme celui de Foix. Leur architecture, de type défensif, témoigne de la fréquence des guerres à cette époque.

1 La construction des châteaux forts

Dans ce pays, les hommes les plus riches et les plus nobles ont coutume de consacrer la plus grande partie de leur temps à provoquer des conflits et à commettre des meurtres. Aussi ont-ils pris l'habitude, afin d'être mieux protégés de leurs ennemis, d'élever une motte de terre de la plus grande hauteur possible, de creuser autour un fossé largement ouvert et d'une grande profondeur, de fortifier cette motte, de disposer des tours sur le pourtour, de bâtir à l'intérieur une maison ou une citadelle qui domine l'ensemble.

D'après Fautier de Thérouanne, XIIe siècle.

- **Sur la carte 12 de l'atlas, situe Foix.**
- **Pourquoi les seigneurs construisaient-ils leurs châteaux sur une colline ou les entouraient-ils de fossés ?**

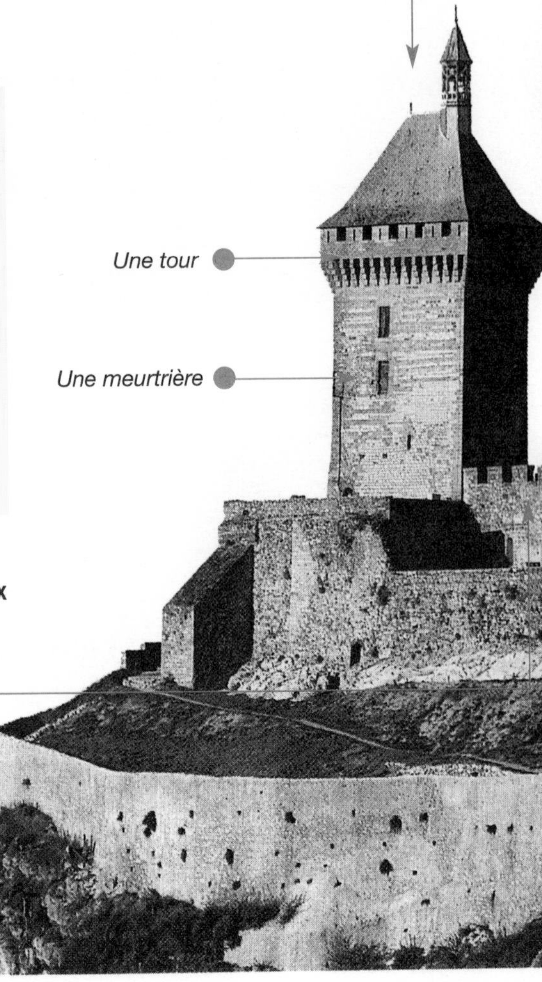

2 Les remparts

Les soldats faisaient le guet depuis le « chemin de ronde » en haut des remparts.

- **A quoi servent les remparts ?**
- **Comment les attaquants font-ils pour pénétrer dans le château ?**
- **Que font les défenseurs du château pour les repousser ?**
- **Quelles armes emploient-ils ?**
- **Pourquoi le passage en haut des remparts s'appelle-t-il le « chemin de ronde » ?**
- **Comment fonctionne le pont-levis ?**

3 Un banquet au Moyen Age

Le château, mal chauffé et sans confort, servait d'habitation au seigneur. Les plus riches seigneurs y menaient une vie aisée et, pour se distraire, organisaient des banquets, grands repas de fêtes auxquels ils invitaient de nombreuses personnes.

● **Recherche dans cette scène des détails sur la vie dans les châteaux forts.**

4 Le tournoi

Dans la cour du château ou sur les terres alentour, les chevaliers s'entraînaient au combat en organisant des tournois.

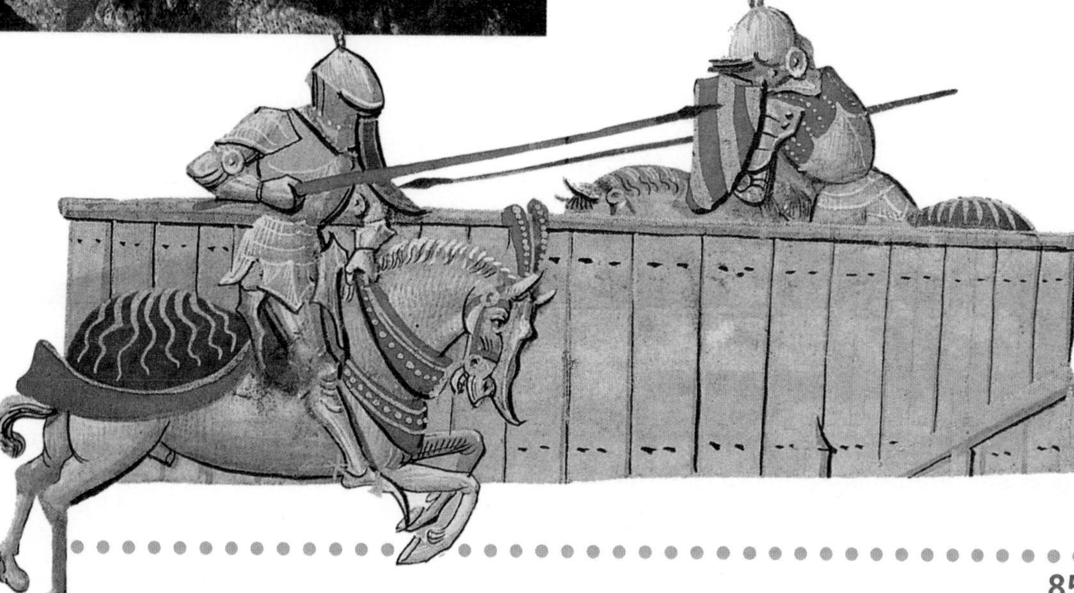

voir résumé p. 92

5. Ceux qui priaient : le clergé

1 L'enseignement religieux

2 L'accueil des mendiants et des malades

■ La puissance de l'Église

Au Moyen Age, les habitants de la France étaient presque tous chrétiens. Certains effectuaient de longs pèlerinages, à pied ou à cheval, vers les villes saintes comme Saint-Jacques-de-Compostelle et Jérusalem, pour être pardonnés de leurs fautes ou obtenir une faveur de Dieu.

L'Église occupait une place importante dans la société. Chaque étape de la vie (baptême, mariage, hommage d'un vassal, sacre du roi) était marquée par une cérémonie religieuse. L'Église tenait la plupart des écoles (doc. 1) et s'occupait des malades et des mendiants (doc. 2). Elle s'efforçait de maintenir la paix en interdisant aux chevaliers de combattre certains jours et en leur demandant de protéger les faibles.

■ Un clergé nombreux

Chaque église était dirigée par un prêtre, qui dépendait d'un évêque, lequel obéissait au pape. L'Église possédait de grandes richesses grâce à la dîme que lui versait le

3 Les trois ordres

Les uns prient, les autres combattent, les derniers travaillent. Ces trois groupes forment un seul tout et ne peuvent être séparés. Ce qui fait leur force, c'est que ceux qui travaillent le font pour les deux autres ordres; à leur tour, ceux-ci prient ou combattent pour eux. Ainsi, tous trois se soulagent les uns les autres.

D'après Adalberon, archevêque de Reims, Poème au roi Dagobert, *vers 1027.*

- **Qu'est-ce que chaque ordre apportait aux deux autres ?**
- **Cette répartition des tâches te paraît-elle équitable ?**

4 Les moines défricheurs

5 Le moine copiste

- **Quel matériel ce moine utilise-t-il ?**
- **Quels autres objets peux-tu voir autour de lui ?**
- **Pourquoi copiait-on les livres à la main ?**

peuple. Les évêques vivaient dans de grands domaines et menaient une existence luxueuse, comparable à celle des seigneurs.

Les moines vivaient en communauté dans de grandes abbayes retirées du monde. Ils partageaient leur temps entre la prière, l'étude de la Bible et le travail. Certains recopiaient des manuscrits (doc. 5), d'autres se consacraient à l'enseignement.

Avant le Xe siècle, de nombreux moines menaient une vie aisée grâce aux serfs qui cultivaient leurs vastes domaines. A partir du Xe siècle, au contraire, certains ont décidé de mener une vie simple et pauvre, conforme au message des Évangiles. Ils pratiquaient l'agriculture (doc. 4) ou vivaient de la mendicité.

L E X I Q U E

une abbaye: un endroit où des religieux vivent, isolés du monde.

le clergé: l'ensemble des personnes qui consacrent leur vie au culte.

voir résumé p. 92

Les monuments, sources de l'histoire

6. Des églises aux cathédrales

Au Moyen Age, les chrétiens ont construit de nombreuses églises et des cathédrales. Cet effort de construction témoigne de l'importance de la foi chrétienne en France à cette époque.

Les cathédrales gothiques sont surmontées de tours ou d'une haute flèche.

Les églises romanes sont surmontées d'un clocher.

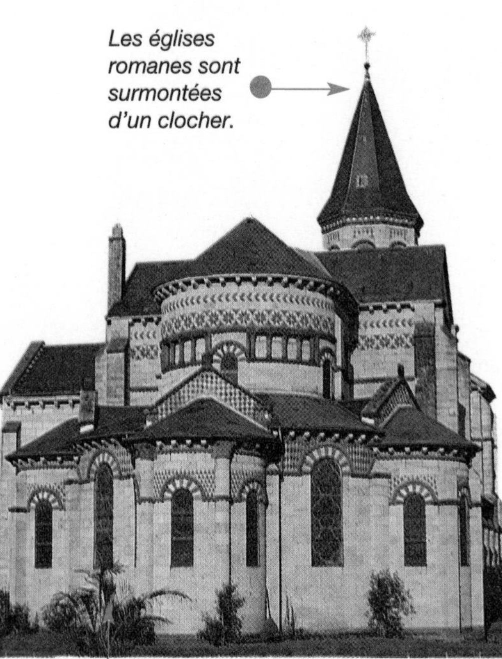

Les murs sont épais avec peu de fenêtres.

Les voûtes sont arrondies.

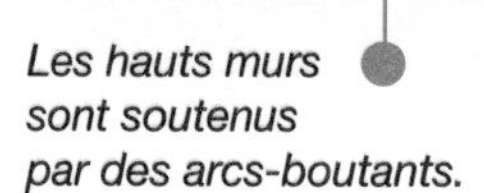

Les hauts murs sont soutenus par des arcs-boutants.

La cathédrale est éclairée par de larges vitraux.

Les voûtes sont en arc brisé.

1 L'église romane de La Bourboule

Au début du Moyen Age, les églises de style roman étaient petites dans les villages, plus grandes dans les villes ou dans les abbayes.

2 La cathédrale Notre-Dame de Paris

A partir du XIIe siècle, on construisit des églises et des cathédrales de style gothique, beaucoup plus grandes.

- **Sur la carte 12 de l'atlas, situe la Bourboule et Paris.**
- **Énumère toutes les différences entre les églises romanes et les églises gothiques.**
- **Quel élément d'architecture servait à soutenir les hauts murs des églises gothiques ?**

3 La construction d'une cathédrale (miniature du XVe siècle)

Le chantier durait parfois plus de cent ans, employait jusqu'à 3000 ouvriers et coûtait très cher.

Ce tailleur de pierre sculpte certaines pierres qui serviront à orner la cathédrale.

L'architecte conçoit la cathédrale et dirige le chantier.

Des grues font monter les pierres à la hauteur à laquelle elles doivent être posées.

Le maçon construit les murs.

Cet homme taille les pierres qui serviront à construire les murs.

Les échafaudages ont été construits par les charpentiers.

Le gâcheur fabrique du mortier, qui sert à maintenir les pierres les unes sur les autres.

Les porteurs approvisionnent les ouvriers du chantier en eau et en pierres.

voir résumé p. 92

7. Les villes au Moyen Age

1 La ville de Feurs au XVe siècle

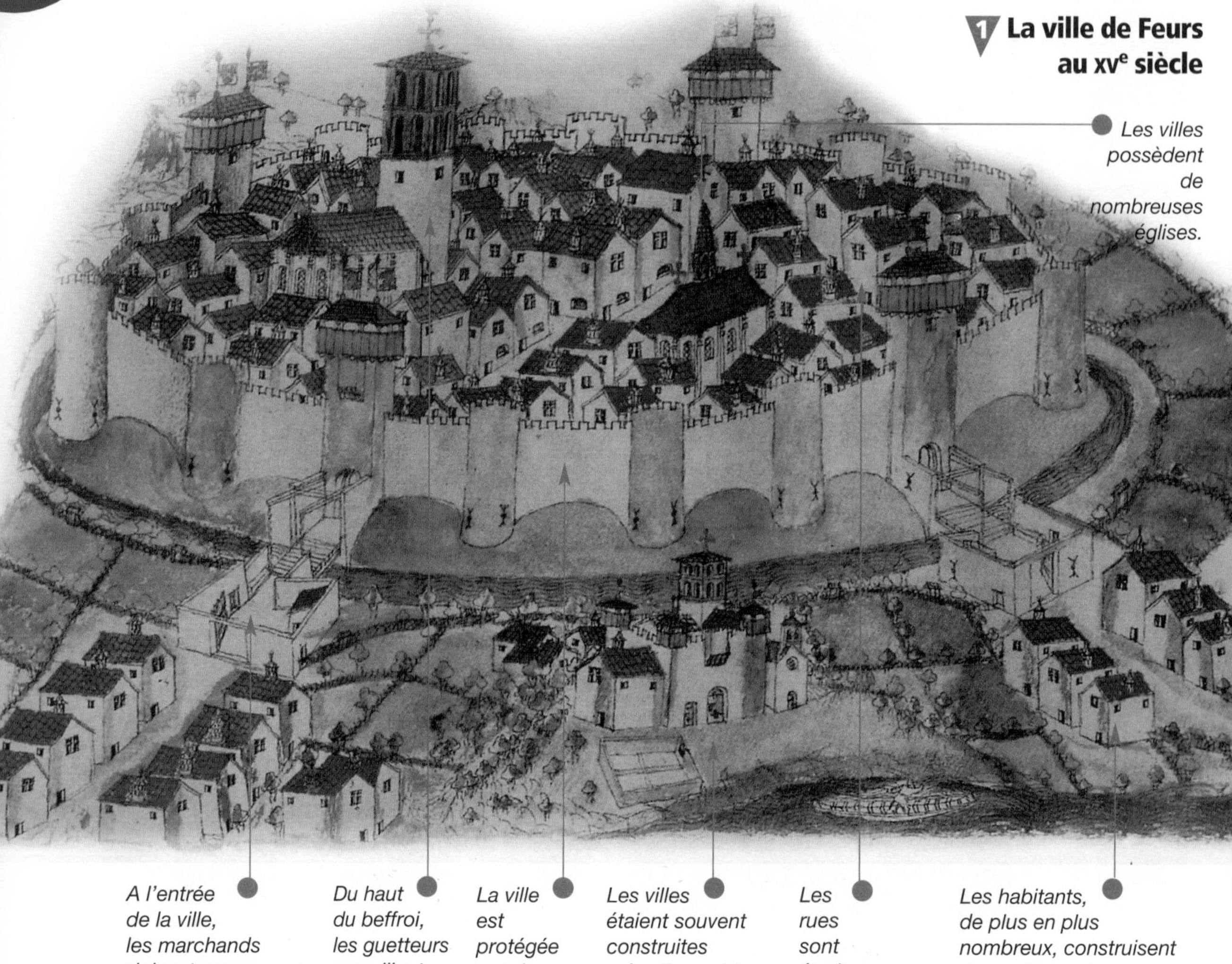

Les villes possèdent de nombreuses églises.

A l'entrée de la ville, les marchands doivent payer une taxe.

Du haut du beffroi, les guetteurs surveillent les environs.

La ville est protégée par des remparts.

Les villes étaient souvent construites près d'une abbaye ou d'un château.

Les rues sont étroites et sombres.

Les habitants, de plus en plus nombreux, construisent des maisons dans les faubourgs de la ville.

■ L'essor des villes

A partir du XIe siècle, l'augmentation de la population a entraîné la croissance des villes (carte 12 de l'atlas). Celles-ci, beaucoup plus petites que celles d'aujourd'hui, étaient protégées par des remparts. Du haut du beffroi, des guetteurs surveillaient les alentours et sonnaient la cloche en cas de danger. Les rues étaient étroites et sombres, mais très animées par la présence des nombreuses boutiques et des ateliers qui s'y trouvaient. Les villes possédaient un hôpital, des écoles, un marché, des fontaines, des églises et parfois une cathédrale (doc. 1).

La vie en ville était difficile. Des brigands attaquaient les habitants. Souvent, des incendies détruisaient les maisons en bois et en torchis, si bien qu'il était interdit de laisser le feu allumé durant la nuit, après l'heure du couvre-feu. Les rues étaient sales car on y jetait les ordures et les eaux usagées, ce qui favorisait les épidémies.

■ L'indépendance des villes

Les villes ont progressivement pris leur indépendance en se révoltant contre leur seigneur ou en négociant une charte qui leur permettait de rendre elles-mêmes la justice et de collecter les impôts (doc. 3).

Chaque ville était dirigée par un maire et des échevins, élus par les bourgeois et choisis parmi les plus riches d'entre eux.

2 Une foire

● Quelles sont les différentes marchandises que l'on distingue ici ?

3 Une charte

● Quelles sont les différences entre les obligations des paysans et celles des habitants de cette ville ?

Moi, Louis, comte de Blois, fais savoir que les hommes n'ont plus à payer la taille. Il sera permis aux bourgeois d'élire douze d'entre eux pour diriger la ville. Si un habitant veut vendre ce qu'il possède, qu'il le vende. S'il veut s'éloigner de la ville, qu'il parte librement. Nul ne fera la corvée.

La charte de Châteaudun, 1197.

■ Artisans et commerçants

La ville rassemblait de nombreux artisans organisés par métiers ou corporations: les maîtres transmettaient leur savoir-faire à des apprentis. Les artisans d'une corporation étaient unis par une étroite solidarité et s'entraidaient en cas de difficultés.

Les villes étaient aussi le lieu de rassemblement des commerçants. Un marché s'y tenait régulièrement. Certains marchands parcouraient des centaines de kilomètres pour se rendre dans les grandes foires, comme celles de Champagne, et rapporter des tissus, des fourrures et des épices qu'ils revendaient aux seigneurs (doc. 2 et carte 12 de l'atlas).

L E X I Q U E

un beffroi: une tour qui servait de poste de surveillance.

un bourgeois: au Moyen Age, un habitant des bourgs (des villes).

une charte: un accord qui donne des privilèges aux habitants d'une ville.

une corporation: l'ensemble des personnes qui exercent le même métier et qui s'associent pour défendre leurs droits.

le couvre-feu: le signal qui indique qu'il est l'heure d'éteindre les feux.

une épidémie: la transmission rapide d'une maladie dans une population.

du torchis: un mélange de terre et de paille servant à construire des bâtiments.

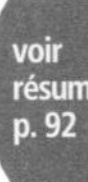
voir résumé p. 92

Exercice

Lis ce texte et réponds aux questions.

1. Cherche dans un dictionnaire la signification des mots que tu ne connais pas.

2. Quelle cérémonie ce texte décrit-il ?

3. Quelles en sont les différentes étapes ?

4. Quelle phrase montre le rôle de la religion dans cette cérémonie ?

Le comte demanda au futur vassal s'il voulait devenir son homme sans réserve. Celui-ci répondit : « Je le veux ». Ses mains étant jointes dans celles du comte, ils s'allièrent par un baiser. Puis le vassal dit : « Je promets en ma foi d'être fidèle à partir de cet instant au comte Guillaume et de lui garder contre tous et entièrement mon hommage, de bonne foi et sans tromperie. » Il jura cela sur la relique des saints. Ensuite, le comte lui donna l'investiture.

D'après Galbert de Bruges, XIIe siècle.

Résumés

La société au Moyen Age

Ceux qui travaillaient : les paysans

Au Moyen Age, les paysans menaient une vie rude. Les récoltes étaient peu abondantes, ils devaient payer des impôts et effectuer des corvées pour les seigneurs et pour l'Église.

L'art, source de l'histoire

Artisans et commerçants

Les œuvres d'art (les enluminures, les fresques, les mosaïques, les vitraux, les sceaux...) sont des sources de l'histoire. Elles nous montrent les techniques d'autrefois et les anciens métiers, comme ceux de meunier, de maçon ou de drapier.

Ceux qui combattaient : seigneurs et chevaliers

Les seigneurs étaient les maîtres de leur domaine mais devaient protection aux habitants. Sans cesse en guerre contre leurs voisins, ils avaient recours à des chevaliers.

Les monuments, sources de l'histoire

Les châteaux forts

Au Moyen Age, les châteaux forts étaient bâtis dans un but défensif. Ils prouvent que les guerres étaient fréquentes à cette époque.

Ceux qui priaient : le clergé

Au Moyen Age, l'Église occupait une place importante dans la société. Elle tenait les écoles, accueillait les malades et essayait de maintenir la paix. Le clergé vivait bien grâce à la dîme payée par les paysans.

Les monuments, sources de l'histoire

Des églises aux cathédrales

Les églises de style roman possèdent des voûtes arrondies. Les églises et les cathédrales de style gothique possèdent des voûtes en arc brisé et de hauts murs.

Les villes au Moyen Age

Au Moyen Age, les villes sont devenues plus grandes et plus nombreuses. La vie y était animée. Progressivement, elles ont obtenu leur indépendance vis-à-vis des seigneurs.

La France des Capétiens

8

Xe siècle – XVe siècle

A partir du Xe siècle, de nouveaux rois, les Capétiens, rétablissent l'ordre et l'autorité royale en France et luttent contre les Anglais qui tentent de prendre le contrôle du pays.

Le siège de la ville de Duras, XVe siècle.

- **Décris les armes et l'équipement de ces soldats.**
- **Pourquoi les Capétiens ont-ils besoin de faire la guerre ?**

1. La restauration du pouvoir royal

2 Un écu d'or

Louis IX (Saint Louis) a créé une monnaie unique, valable dans tout le royaume de France. Dessus était dessiné le bouclier (ou écu) des rois de France.

- **Que peux-tu voir sur cette pièce ?**
- **Pourquoi l'appelle-t-on un « écu » ?**
- **En quoi cette monnaie unique a-t-elle facilité le commerce ?**
- **En quoi a-t-elle renforcé le pouvoir du roi ?**

1 Le couronnement de Hugues Capet à Noyon en 987 (miniature, XIVe siècle)

Le couronnement d'un roi comportait plusieurs étapes: l'évêque lui remettait une épée; il le bénissait en mettant de l'huile sainte sur son front puis posait la couronne sur sa tête. Durant la cérémonie, le roi portait un manteau bleu brodé de fleurs de lys, emblème des rois de France.

- **Sur la carte 7 de l'atlas, situe Noyon. Situe la France de Hugues Capet et le domaine royal en 987.**

Hugues Capet

Au Xe siècle, le pouvoir des rois de France était très limité. Certes, les seigneurs les plus puissants leur prêtaient un serment de fidélité et le sacre du roi par un évêque en faisait un représentant de Dieu sur la Terre. Mais les souverains n'exerçaient plus leur autorité que sur leur propre domaine (carte 7 de l'atlas).

En 987, les grands seigneurs choisirent l'un d'eux, Hugues Capet, comme roi (doc. 1). Ses descendants, que l'on appelle les Capétiens, rétablirent peu à peu l'autorité royale.

Accroître le domaine royal

Tour à tour, Philippe Auguste (roi de 1180 à 1223), Louis IX (dit Saint Louis, roi de 1226 à 1270) et Philippe le Bel (roi de 1285 à 1314) agrandirent le domaine royal (chronologie pages 6 et 7). Ils achetèrent ou conquirent de nouveaux territoires et obtinrent des régions par mariage et par héritage, d'abord des régions proches de Paris, puis des régions de plus en plus lointaines. (doc. 3 et carte 8 de l'atlas).

Les Capétiens organisèrent le domaine royal. Ils s'entourèrent de conseillers et nommèrent des baillis et des sénéchaux

3 La bataille de Bouvines en 1214

Le roi d'Angleterre, qui possédait la Normandie et le Poitou, était le vassal du roi de France. En 1214, le roi Philippe Auguste reconquit ces deux provinces en lui faisant la guerre.

- **Sur la carte 8 de l'atlas, situe Bouvines, la Normandie et le Poitou.**
- **A quoi reconnais-tu le roi de France ?**
- **A ton avis, de qui le léopard était-il l'emblème ?**

4 Les baillis

Nous, Louis, roi de France, établissons que nos baillis fassent serment que, tant qu'ils seront en service, ils feront la justice à tous, sans exception, aussi bien aux pauvres qu'aux riches, et à l'étranger qu'à l'homme du pays.

Ordonnance de Louis IX, 1254.

- **Louis IX était-il un roi juste ?**

5 Les états généraux de 1314

Philippe le Bel, roi de France, assembla à Paris de nombreux barons, des évêques et des bourgeois de chaque cité du royaume. Enguerrand de Marigny parla au nom du roi de France de la guerre de Flandres et des dépenses qu'elle avait entraînées. Tous les bourgeois répondirent qu'ils aideraient volontiers le roi. Le roi les en remercia.

Les Grandes chroniques de France, 1314.

- **De qui le roi obtient-il le soutien lors des états généraux ?**

pour rendre la justice, collecter les impôts et contrôler l'armée (doc. 4). Ils créèrent un parlement à Paris.

■ Renforcer le pouvoir royal

Les rois renforcèrent aussi leur autorité sur l'ensemble du royaume:
– Louis IX remplaça les différentes monnaies en vigueur par une monnaie unique: l'écu (doc. 2).
– Les rois obtinrent le soutien des bourgeois contre les seigneurs en encourageant les villes à s'affranchir.
– En 1314, Philippe le Bel réunit les états généraux et leur fit reconnaître son pouvoir (doc. 5).
– Ses successeurs instaurèrent un impôt valable dans tout le royaume.
A la fin du XIVe siècle, les Capétiens avaient rétabli leur pouvoir sur toute la France.

LEXIQUE

s'affranchir: se libérer.

les états généraux: la réunion des représentants des seigneurs, du clergé et du peuple, convoquée par le roi.

un parlement: au Moyen Age, le tribunal royal.

voir résumé p. 104

2. Les croisades

En 1095, le pape Urbain II lança un appel aux chrétiens pour qu'ils aillent délivrer Jérusalem (la ville où se trouve le tombeau du Christ), occupée par les musulmans : ainsi débutèrent les croisades.

1 L'appel à la croisade

Il est urgent d'apporter à vos frères d'Orient l'aide si souvent promise. Les Turcs et les Arabes les ont attaqués. Si vous les laissez à présent sans résister, ils vont étendre leur vague sur beaucoup de serviteurs de Dieu. Si ceux qui iront là-bas perdent leur vie pendant le voyage ou dans la bataille, leurs péchés seront pardonnés.

Appel d'Urbain II, XIe siècle.

- **Quelles raisons ont incité les chrétiens à partir en croisade ?**
- **En quoi cet appel prouve-t-il l'influence de l'Église sur la société ?**

2 Le départ

Des rois, des milliers de chevaliers mais aussi de simples paysans partirent en croisade.
Le voyage jusqu'à Jérusalem durait plusieurs mois.
Pour ces hommes, il s'agissait d'un véritable pèlerinage vers la Ville sainte.

- **Décris l'équipement de ces croisés.**
- **Comment se rendent-ils à Jérusalem ?**

3 La prise de Jérusalem en 1099

Entrés dans la ville, les pèlerins poursuivaient et massacraient les Sarrasins, qui livrèrent combat durant toute la journée, au point que le temple ruisselait de sang. Les croisés coururent ensuite par toute la ville, raflant l'or, l'argent et pillant les maisons qui regorgeaient de richesses. Puis, tout heureux et pleurant de joie, ils allèrent adorer le tombeau de notre Sauveur Jésus.

Récit anonyme, XIIe siècle.

- **Les motivations des croisés étaient-elles purement religieuses ?**
- **Un mot nous permet de connaître la religion de l'auteur de ce texte : quel est ce mot ? quelle est sa religion ?**

L'un des chefs de la croisade, Godefroy de Bouillon, fonda un royaume chrétien à Jérusalem après cette bataille.

4 Huit croisades successives (miniature, xive siècle)

Du xie au xiiie siècle, huit croisades opposèrent les chrétiens d'Europe aux musulmans.
De nombreux chrétiens moururent en Terre sainte, du fait des combats,
mais aussi du manque de nourriture et des épidémies.
Ainsi, en 1270, le roi Louis IX mourut, probablement de la peste.

- A quoi reconnais-tu le roi de France ?
- Quelles armes les musulmans utilisent-ils ?

5 Les nouvelles règles de la chevalerie

(miniature, xive siècle)

Les croisades ont renforcé les liens entre les chevaliers et l'Église. A leur retour en Europe, certains chevaliers se firent moines. Les autres se remirent au service de leur seigneur mais combattirent désormais avec un idéal de justice.

- Que font ces soldats avant d'entrer dans l'abbaye ?
- Pourquoi ?

voir résumé p. 104

3. Le temps des calamités au XIVe et au XVe siècle

1 Les pillages (miniature, XIVe siècle)

Victimes des guerres, les paysans comme les habitants des bourgs n'étaient pas épargnés durant les trêves: les soldats, alors inoccupés et sans ressources, attaquaient et pillaient les maisons pour se ravitailler et s'enrichir.

● **Nomme les objets que ces soldats volent dans cette maison.**

■ Les famines et les épidémies

Au XIVe siècle, la population française était en pleine croissance. En revanche, la production agricole stagnait, faute de nouveaux progrès techniques et de nouveaux défrichements. La France connaissait parfois des hivers très froids, des inondations ou des sécheresses en été. Les récoltes étaient alors insuffisantes et les hommes souffraient de la disette, parfois de la famine (doc. 2).

De 1347 à 1456, des épidémies de peste noire ravagèrent la population, déjà affaiblie par les famines. Venue d'Asie, la maladie se propageait très rapidement et provoquait la mort de nombreuses personnes, en quelques jours et dans de grandes souffrances (doc. 3).

■ Les guerres féodales

Au XIVe et au XVe siècle, la France fut la proie de guerres meurtrières qui opposèrent le roi aux grands seigneurs et le royaume de France à ses voisins. Ces guerres accrurent la misère du peuple, durement touché par les famines et les épidémies.

2 Deux hivers de famine

Hiver 1420 : sur les tas de fumier, vous pouviez voir vingt ou trente enfants, mourant de faim et de froid.

Hiver 1437 : la verdure était si chère qu'au début mai, on vendait, faute de poireaux, des orties que les pauvres gens faisaient cuire sans graisse, rien qu'au sel et à l'eau, et qu'ils mangeaient sans pain.

D'après le Journal d'un bourgeois de Paris, XVe siècle.

● **Pourquoi des enfants se trouvent-ils sur les tas de fumier ?**

3 Une épidémie de peste

Ils n'étaient malades que deux ou trois jours et mouraient rapidement. Ils avaient tout à coup des grosseurs sous les bras : c'était un signe infaillible de mort. Bientôt, en beaucoup d'endroits, sur vingt habitants, il n'en restait que deux en vie. On pensait que la mort provenait d'une infection de l'air ou des eaux. Le terrible fléau ne fit pas naître la paix entre les rois et les seigneurs.

D'après Jean Venette, XIVe siècle.

● **Quelle phrase du texte montre que la peste tuait de nombreuses personnes ?**

4 La révolte des paysans (miniature, XVe siècle)

● **Pourquoi les paysans attaquaient-ils parfois les chevaliers ?**

En effet, les combats provoquaient la destruction des récoltes et, pour payer ses soldats, le roi de France prélevait de lourds impôts. En outre, durant les trêves, les soldats se livraient à des pillages (doc. 1).

■ Les révoltes

Pendant cette période de calamités, les paysans qui ne pouvaient pas payer leur redevance et leurs impôts perdaient leur terre. Devenus mendiants et vagabonds, ils trouvaient refuge dans les églises et les monastères ou tentaient de survivre dans les villes. Nombre d'entre eux mouraient de faim et de froid. La misère poussait parfois les paysans et les habitants des villes à se révolter contre les seigneurs : ces révoltes étaient appelées des « jacqueries » (au Moyen Age, les paysans étaient surnommés les « jacques ») (doc. 4).

LEXIQUE

une trêve : un arrêt provisoire des combats.

un vagabond : une personne sans domicile, qui se déplace sans cesse.

voir résumé p. 104

Lire une généalogie

4. Rois de France et rois d'Angleterre

Dans certains royaumes, les rois désignaient eux-mêmes leur successeur. Dans d'autres, les seigneurs élisaient leur souverain. A la mort d'un roi, de violents conflits opposaient parfois ceux qui voulaient régner. Ainsi, au XIVe siècle, la France et l'Angleterre se déclarèrent la guerre à la suite d'une querelle de succession.

1 De père en fils

(saint Louis et son fils Philippe, miniature, XIVe siècle)

Au début du Moyen Age, le roi de France était choisi par les Grands du royaume. A partir du XIe siècle, chaque roi désigna son fils aîné comme successeur et lui enseigna la manière d'être un bon roi.

● **Quels sont les symboles de la royauté française visibles sur cette miniature ?**

2 La succession des Capétiens

Cet arbre généalogique représente la succession des Capétiens sur le trône de France. Sous le nom de chaque roi se trouve celui de son fils et successeur.

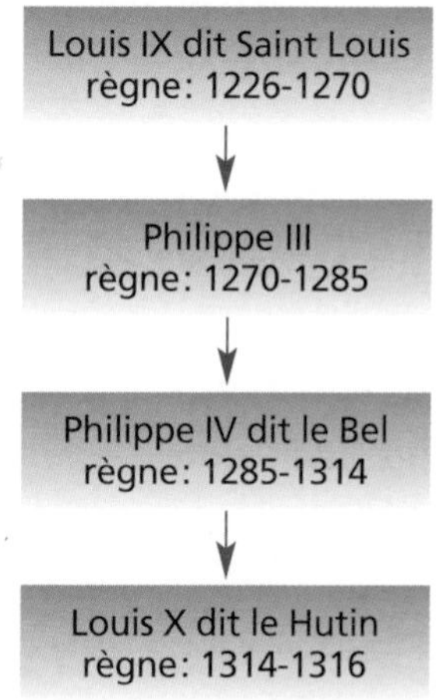

● **Qui a été roi après Louis IX ?**
● **Qui était le père de Louis X ?**
● **Qui était le fils de Philippe le Bel ?**
● **Qui était Philippe le Bel pour Louis IX ?**

3 Un roi sans fils

En 1316, Louis X mourut sans avoir eu de fils. Le plus âgé de ses frères, Philippe V dit le Long, lui succéda. Dans l'arbre généalogique, les frères sont placés côte à côte. Les flèches relient chaque père à ses fils.

● **Qui était le fils aîné de Philippe le Bel ?**
● **Qui était son plus jeune fils ?**
● **Qui a succédé à Philippe V ?**
● **Pourquoi ?**

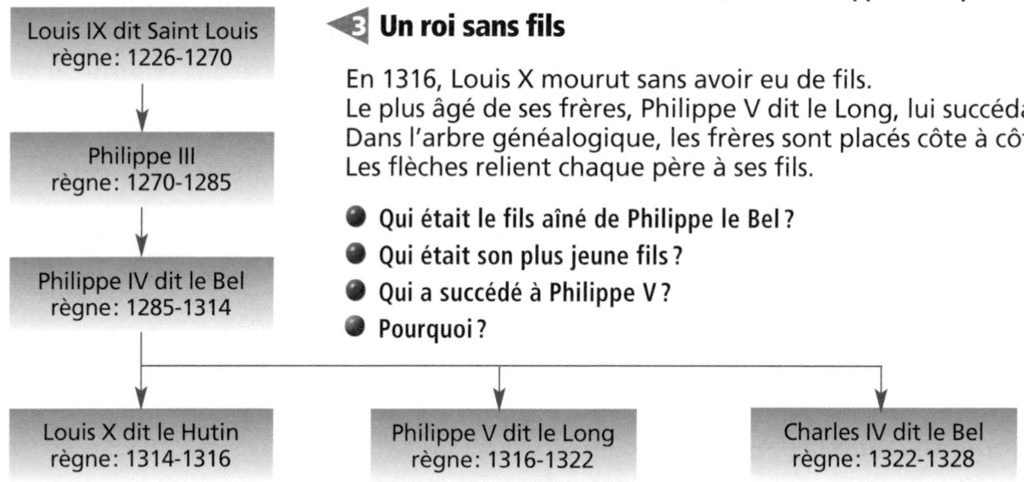

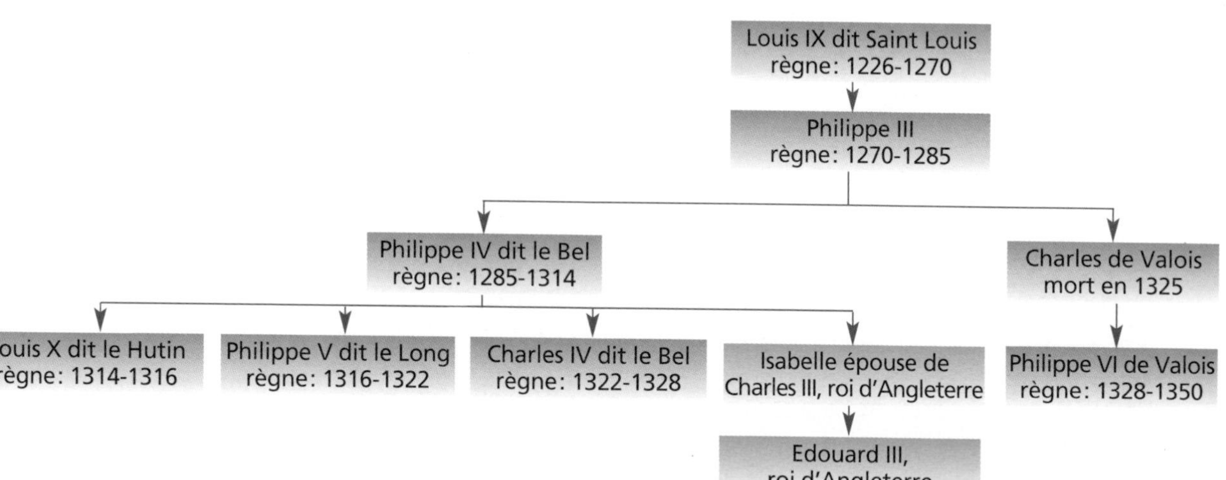

4 Un roi sans frère

En 1328, Charles IV mourut sans fils. Son père, Philippe le Bel, avait un jeune frère: Charles de Valois. Le pouvoir revint donc au fils aîné de Charles de Valois: Philippe VI de Valois. C'est donc un cousin du roi qui lui succéda sur le trône.

5 Et les femmes?

Selon les règles de succession en France, le pouvoir ne pouvait pas être transmis par les femmes. En Angleterre, en revanche, les femmes pouvaient succéder à leur père. A la mort du roi Charles IV, toute la question était de savoir à qui devait être confiée la garde du royaume, en raison du principe que dans le royaume de France, la femme n'a pas accès au pouvoir royal. De leur côté, les Anglais déclaraient que le jeune roi Edouard était le plus proche parent en tant que fils d'Isabelle, petit-fils de Philippe Le Bel et, par conséquent, neveu de Charles IV. Mais les Français n'admettaient pas l'idée d'être dominés par l'Angleterre.

D'après Jean de Venette, XIVe siècle.

- **Explique pourquoi les Anglais voulaient qu'Edouard III devienne roi de France.**
- **Pourquoi les Français s'opposaient-ils à ce projet?**

6 Vers la guerre de Cent Ans (miniature, XVe siècle)

Cette querelle de succession a contribué au conflit entre les Français et les Anglais: en 1337 commençait une guerre qui allait durer plus de cent ans.

- **Quelle nouvelle arme était utilisée durant la guerre de Cent Ans?**

voir résumé p. 104

5. La guerre de Cent Ans (1337-1453)

L'étendard des troupes françaises porte des fleurs de lys, emblème des rois de France.

L'étendard des troupes anglaises porte des léopards, emblème des rois d'Angleterre, mais aussi des fleurs de lys, car Edouard III, roi d'Angleterre, se considérait comme le roi de France.

Les arcs anglais étaient légers et rapides : en quelques minutes, un seul soldat pouvait tirer plusieurs dizaines de flèches. Les Anglais ont ainsi abattu les soldats et les cavaliers français.

Les Français utilisaient des arbalètes, plus lourdes et plus longues à recharger : un soldat passait plus de temps à remettre des flèches dans l'arbalète qu'à tirer.

1 **La bataille de Crécy en 1346** (miniature, XVe siècle)

Pourquoi les Anglais ont-ils remporté la bataille ?

L'avancée des Anglais

En 1337, le roi d'Angleterre, qui possédait un grand domaine en France et prétendait être le successeur du roi de France, déclara la guerre aux Français (carte 9 de l'atlas).

Les Anglais envahirent le nord-ouest de la France. Ils vainquirent les Français à Crécy en 1346 (doc. 1) et à Poitiers en 1356. Les Français furent contraints de signer le traité de Brétigny qui cédait le sud-ouest de la France aux Anglais (1360).

La reconquête de la France

A la fin du XIVe siècle, le connétable Duguesclin repoussa en partie les Anglais (carte 10 de l'atlas). Mais en 1420, le roi Charles VI, faible et atteint de crises de folie, déshérita son fils et désigna le roi d'Angleterre comme son successeur au trône de France (doc. 2).

A sa mort, une partie des Français ne reconnut pas le roi d'Angleterre comme souverain et soutint Charles VII, le fils de Charles VI. La France se déchira alors dans une terrible guerre civile.

Une jeune femme originaire de Lorraine, Jeanne d'Arc, réussit à convaincre le roi Charles VII de lui confier une armée avec laquelle elle libéra Orléans en 1429 (doc. 5 et carte 10 de l'atlas). Elle incita le roi à se faire sacrer à Reims, pour faire reconnaître sa légitimité (doc. 4). Emprisonnée par les Anglais, Jeanne d'Arc fut brûlée à Rouen.

2 Le traité de Troyes

Par le mariage fait pour le bien de la paix entre le roi Henri (d'Angleterre) et notre chère et très aimée fille Catherine, le roi Henri est devenu notre fils. Il est décidé que, aussitôt après notre mort, la couronne et le royaume de France iront à notre beau-fils le roi Henri et à ses héritiers.

Signé Charles VI, 1420.

- Qui est l'auteur de ce texte ?
- Quelle alliance liait le roi de France au roi d'Angleterre ?
- Quel successeur Charles VI a-t-il choisi ?

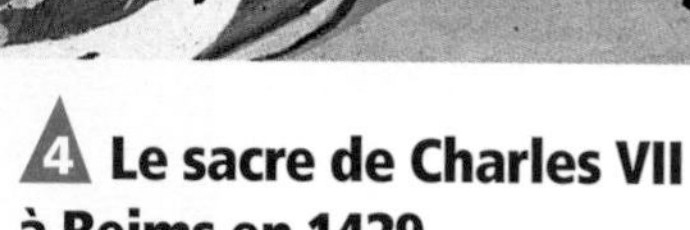

3 Le Franc à cheval

Cette pièce a été fabriquée en 1360 après la libération du roi de France Jean le Bon, prisonnier des Anglais : « franc » signifie « libre ». Plus tard, on a simplement dit « le franc ».

4 Le sacre de Charles VII à Reims en 1429

- Quels sont les symboles de la royauté visibles sur cette miniature ?
- Pourquoi était-il important pour Charles VII de se faire sacrer à Reims ?

5 Jeanne d'Arc

- Sur la carte 10 de l'atlas, situe le trajet effectué par les troupes de Jeanne d'Arc.

Les Français repoussèrent encore les Anglais et, en 1453, ceux-ci ne possédaient plus que Calais. Louis XI mit fin à la guerre en signant un traité par lequel le roi d'Angleterre renonçait à la couronne de France.

La progression du pouvoir royal

La paix retrouvée, Louis XI poursuivit l'œuvre entreprise par ses prédécesseurs avant la guerre. Il agrandit le domaine royal en y ajoutant notamment la Bourgogne (carte 11 de l'atlas). Il renforça son pouvoir en interdisant aux seigneurs de se faire la guerre, en constituant une armée de métier et en créant des impôts royaux permanents : la taille, la gabelle et les aides. Il créa la Poste pour que ses ordres parviennent plus rapidement jusque dans les régions les plus éloignées du royaume. Le temps des seigneurs et de la féodalité s'achevait : désormais, le roi exerçait son autorité sur la France entière.

LEXIQUE

les aides: au Moyen Age, impôt sur le commerce.

le connétable: le chef de l'armée du roi de France.

déshériter: priver quelqu'un de son héritage.

la gabelle: au Moyen Age, impôt sur le sel.

une guerre civile: une guerre entre les habitants d'un même pays.

reconnaître la légitimité d'un roi: reconnaître qu'il a le droit de régner.

la taille: au Moyen Age, impôt sur les richesses.

voir résumé p. 104

Exercice

Cette enluminure du XIIIe siècle représente le sacre d'un roi.

1. Décris les étapes du sacre représentées ici.

2. A quoi reconnais-tu les évêques ?

3. Fais des recherches pour savoir qui sont les personnages au crâne en partie rasé, avec une bande de cheveux autour de la tête (on dit qu'ils portent la « tonsure »).

4. A quoi servait le sacre du roi par l'Église ?

Résumés

La France des Capétiens

La restauration du pouvoir royal

En 987, Hugues Capet devint roi. Ses descendants, les Capétiens, dont Philippe Auguste, Louis IX et Philippe Le Bel, ont agrandi le domaine royal et renforcé leur autorité sur le royaume.

Les croisades

Du XIe au XIIIe siècle, les chrétiens d'Europe entreprirent huit croisades dans le but de reprendre Jérusalem aux musulmans et de s'enrichir. Les croisades ont renforcé les liens entre les chevaliers et l'Église.

Le temps des calamités au XIVe et au XVe siècle

Au XIVe et au XVe siècle, la population française a été victime de nombreuses calamités : misère, famines, épidémies de peste, guerres meurtrières et pillages. Des paysans se sont alors révoltés contre les seigneurs et les chevaliers.

Lire une généalogie

Rois de France et rois d'Angleterre

Les Capétiens se succédaient de père en fils et, si le roi n'avait pas de fils, de frère en frère. En 1328, une querelle de succession opposa le roi de France et le roi d'Angleterre, qui prétendait avoir des droits sur le trône de France.

La guerre de Cent Ans (1337-1453)

De 1337 à 1453, les Français et les Anglais s'opposèrent dans un long conflit : la guerre de Cent Ans. D'abord battues, les armées françaises, dirigées par Duguesclin puis par Jeanne d'Arc, repoussèrent les Anglais et reconquirent le royaume.

Les grandes découvertes

XVe siècle – XVIe siècle

9

La période qui suit le Moyen Age et commence au XVe siècle se caractérise par de grands voyages d'explorations, des inventions qui bouleversent la vie quotidienne et la pensée des hommes de ce temps et le développement de l'art.

Un port européen, miniature du XVIe siècle.

- En quoi les progrès de la navigation ont-ils permis le développement du commerce ?

Les cartes, sources de l'histoire

1. La connaissance du mond

Depuis l'Antiquité, des hommes ont essayé de représenter la géographie des lieux qu'ils connaissaient. L'étude des cartes anciennes montre comment la connaissance du monde a évolué au cours du temps.

1 Un monde restreint

A la fin du Moyen Age, les Européens ne connaissaient qu'une petite partie du monde. Les cartes qu'ils traçaient étaient donc imprécises et incomplètes, comme celle-ci qui date de 1489.

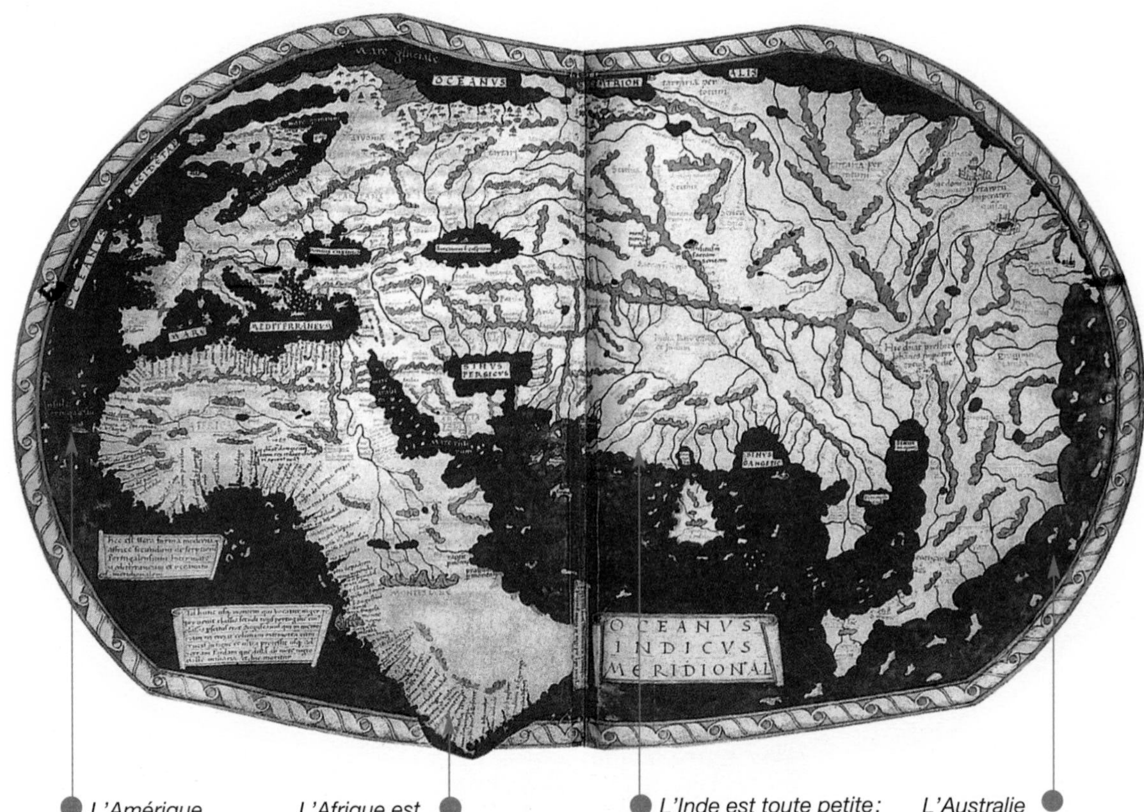

L'Amérique n'est pas représentée : les Européens en ignoraient l'existence.

L'Afrique est déformée : les Européens connaissaient mal cette région.

L'Inde est toute petite : les Européens ne l'avaient pas encore explorée.

L'Australie n'est pas représentée : les Européens en ignoraient l'existence.

2 Un monde inconnu

Pour tracer les cartes, les Européens s'appuyaient sur les renseignements fournis par d'autres peuples. Par exemple, ils savaient par les Arabes que l'empire du Mali en Afrique était riche et puissant. Sur cette carte du XIVe siècle, ils ont placé l'empire du Mali et représenté l'empereur avec une grosse pépite d'or dans la main.

- **Qu'est-ce que cette carte nous apprend sur l'Afrique autrefois ?**

3 Un monde dangereux

Les navigateurs du Moyen Age n'osaient pas s'éloigner des côtes et naviguer en pleine mer: ils croyaient que des monstres les empêcheraient d'atteindre les terres lointaines.

4 Les progrès de la navigation

Au XIVe et au XVe siècle, la navigation a réalisé des progrès importants grâce à la boussole et à l'astrolabe, qui permettaient aux marins de repérer leur position en mer, de se diriger et de calculer le chemin parcouru.

5 Un monde mieux connu

Les progrès de la navigation ont donné aux marins la possibilité de parcourir les mers et d'explorer des régions qu'ils ne connaissaient pas encore. Ils ont alors fourni des informations aux géographes, qui ont pu tracer des cartes plus complètes et plus précises.

- **Compare cette carte qui date du XVIe siècle à celle de la page 106 et cite toutes les différences.**

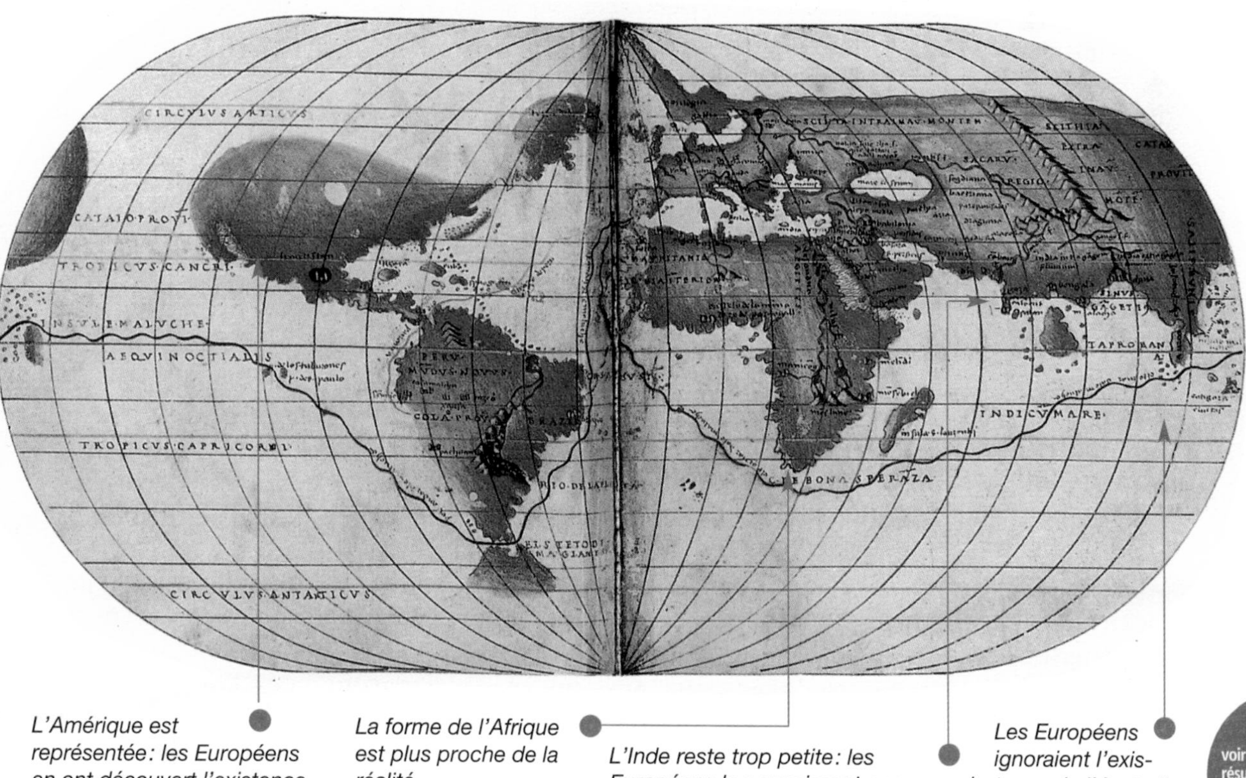

L'Amérique est représentée : les Européens en ont découvert l'existence.

La forme de l'Afrique est plus proche de la réalité.

L'Inde reste trop petite : les Européens la connaissent encore mal.

Les Européens ignoraient l'existence de l'Australie.

voir résumé p. 116

2. Les grandes explorations

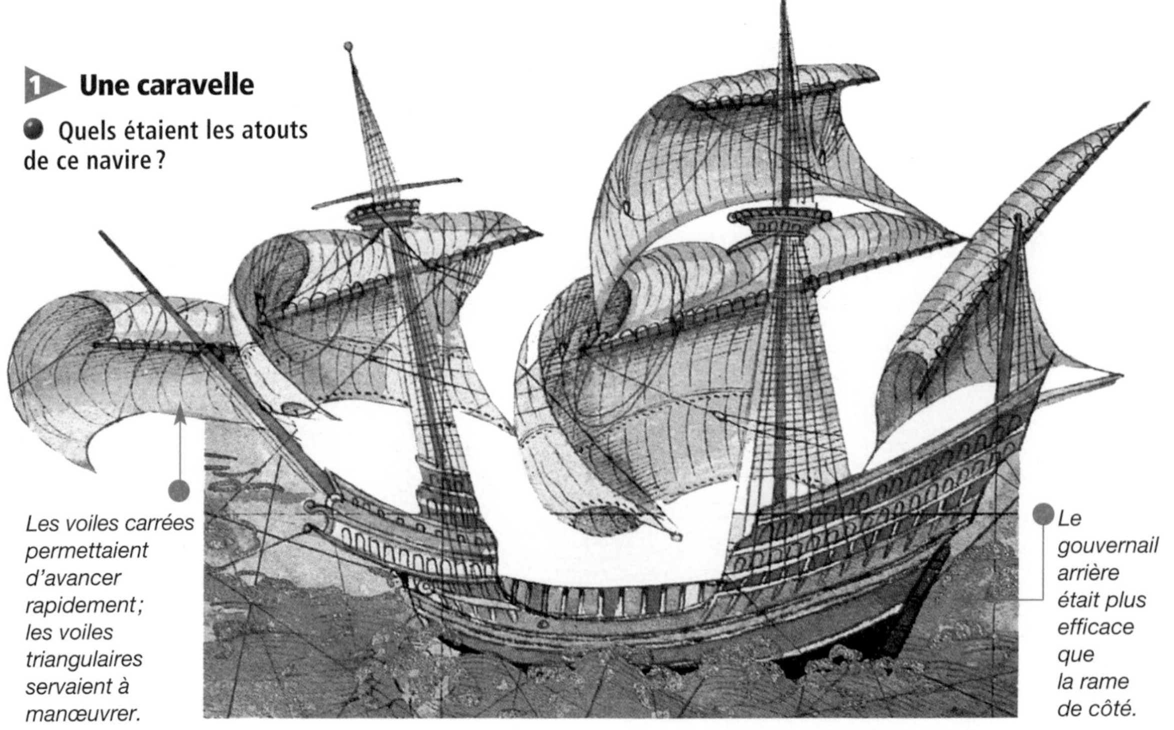

1 Une caravelle

● Quels étaient les atouts de ce navire ?

Les voiles carrées permettaient d'avancer rapidement ; les voiles triangulaires servaient à manœuvrer.

Le gouvernail arrière était plus efficace que la rame de côté.

2 Les causes des explorations

● Quelles étaient les principales motivations des explorations ?

● Sur la carte 13 de l'atlas, situe les grandes explorations.

Le fils du roi du Portugal désirait savoir quelles terres il y avait au-delà des îles Canaries, car jusqu'à cette époque, personne ne le savait. Il pensait aussi qu'on pourrait en rapporter beaucoup de marchandises bon marché. Il désirait aussi augmenter la sainte foi en Notre Seigneur Jésus-Christ et amener à elle toutes les âmes désireuses d'être sauvées.

D'après G. Eanes de Zurara, XVIe siècle.

■ Le grand commerce

Durant le Moyen Age, les Européens se procuraient des produits précieux venus d'Asie : la soie de Chine, les épices de l'Inde, l'or et l'ivoire d'Afrique noire... Ils ne se rendaient pas eux-mêmes dans ces régions lointaines : les Arabes leur servaient d'intermédiaires.

Au XVe siècle, poussés par la curiosité, désireux de s'enrichir et de convertir au christianisme les peuples du monde entier (doc. 2), des navigateurs européens se lancèrent dans de grandes expéditions maritimes. Ils naviguaient sur des caravelles, bateaux rapides et sûrs, capables d'affronter la haute mer (doc. 1).

■ Les voyages d'exploration

Des navigateurs cherchèrent à atteindre l'Inde et la Chine en contournant l'Afrique. En 1487, Bartolomé Diaz atteignit le sud de l'Afrique (carte 13 de l'atlas). En 1498, Vasco de Gama franchit le cap de Bonne-Espérance et fut le premier Européen à arriver en Inde.

Le voyage entre l'Europe et l'Inde était long. Or les savants affirmaient que la Terre était ronde. En 1492, Christophe Colomb et son équipage partirent vers l'ouest, avec le projet d'atteindre l'Asie en faisant le tour du monde. Ils atteignirent un continent inconnu des Européens : l'Amérique (doc. 3). Christophe Colomb pensa qu'il était arrivé

3 Voyage vers l'Amérique

9 septembre. A trois heures, le vent de nord-est se lève et je prends la route vers l'ouest.

24 septembre. Plus les jours passent, plus la peur des marins grandit.

10 octobre. Les hommes se plaignent de la longueur du voyage. Je les réconforte en leur rappelant les profits qui les attendent.

12 octobre. La terre apparaît à deux heures du matin. Quelques heures plus tard, je débarque dans une île.

D'après le journal de bord de Christophe Colomb, 1492.

● Pourquoi les marins de Christophe Colomb avaient-ils peur ?

4 Le tour du monde de Magellan

Le biscuit que nous mangions n'était plus du pain mais une poussière mêlée de vers et qui, de plus, était d'une puanteur insupportable, étant imprégnée d'urine de souris. Nous avons même été obligés, pour ne pas mourir de faim, de manger des morceaux de cuir que l'on faisait tremper pendant quatre ou cinq jours dans la mer pour les rendre tendres.

D'après Pigafetta, XVIe siècle.

5 Le travail des esclaves noirs en Amérique

Ces esclaves noirs amenés d'Afrique par bateau cherchent des pierres précieuses sous la surveillance des Blancs.

dans un pays voisin de l'Inde et appela « Indiens » les habitants de l'Amérique.

En 1519, Magellan décida de réaliser le tour du monde : il partit vers l'ouest, contourna l'Amérique par le sud et atteignit l'Asie. Il mourut en chemin, mais son équipage revint en Europe en 1521, prouvant ainsi que la Terre est ronde (doc. 4).

■ Les bouleversements économiques

Le commerce maritime se développa rapidement et l'Europe connut une période de prospérité. Des Européens migrèrent en Amérique pour exploiter les mines d'or et d'argent ou créer des plantations de canne à sucre et de tabac. Des navires sillonnaient les mers et rapportaient des produits du monde entier. Pour s'implanter en Amérique, les Européens ont exterminé les Indiens puis, pour exploiter leurs plantations, ont capturé des milliers d'Africains qu'ils ont emmenés comme esclaves en Amérique (doc. 5).

LEXIQUE

un intermédiaire commercial : une personne qui achète des produits pour une autre.

une plantation : une grande propriété agricole installée dans la zone tropicale.

voir résumé p. 116

3. La pensée et les arts au XVe et au XVIe siècle

1 L'imprimerie

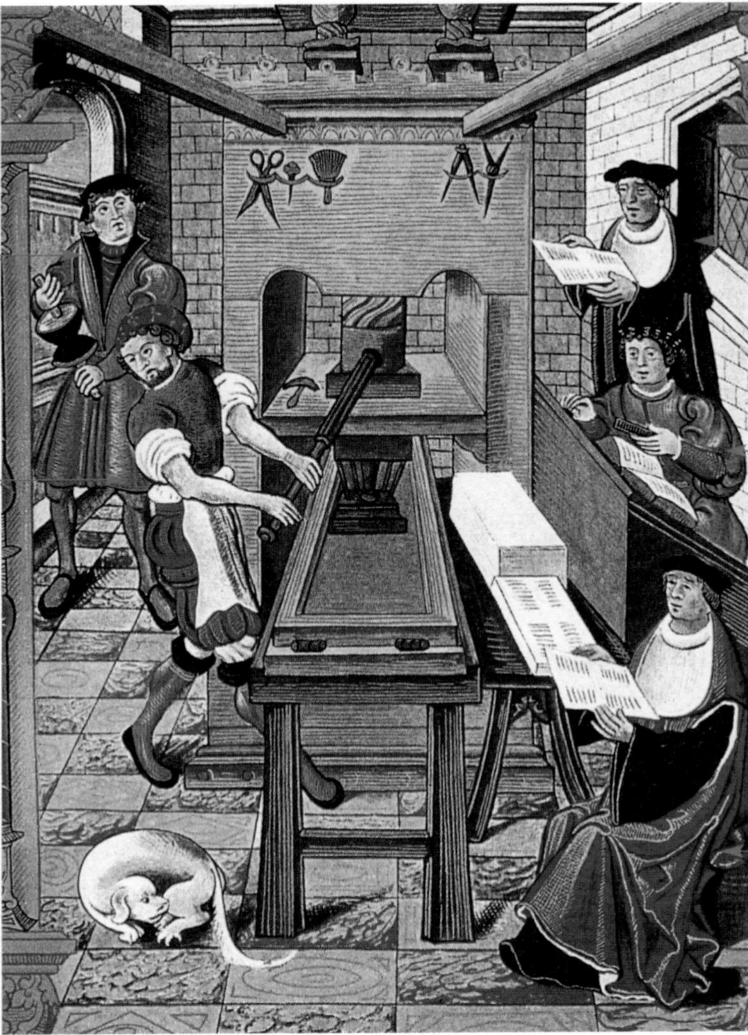

Un homme tient un tampon pour encrer les caractères d'imprimerie.

Un autre serre la presse dans laquelle se trouve la feuille à imprimer, posée sur les caractères couverts d'encre.

Celui-ci vérifie la feuille imprimée.

Celui-ci place dans l'ordre les caractères pour préparer la page à imprimer, en prenant modèle sur un manuscrit.

Celui-là range les feuilles dans le bon ordre pour constituer un livre.

L'imprimerie

Au Moyen Age, les livres étaient manuscrits: ils étaient donc rares et très coûteux. Vers 1440, l'Allemand Gutenberg découvrit et mit au point l'imprimerie (doc. 1): les livres étaient imprimés à l'aide de caractères mobiles représentant chacun une lettre de l'alphabet.

L'invention de l'imprimerie fut capitale: elle permit de fabriquer plus de livres, à moindre prix. Elle contribua à la diffusion des connaissances. C'est pourquoi les historiens considèrent que cette invention marque la fin du Moyen Age.

Les progrès de la science

Les hommes de cette époque pensaient que le Soleil tournait autour de la Terre mais, en 1543, Copernic révéla que la Terre tournait sur elle-même et autour du Soleil.

Des médecins comme Ambroise Paré, en découvrant comment ligaturer les artères pour arrêter les hémorragies, permirent à la chirurgie d'effectuer des progrès.

Léonard de Vinci, à la fois savant et artiste (architecte, peintre, sculpteur et ingénieur), imagina des machines extraordinaires (engins volants, théâtres transformables, catapultes géantes...) (doc. 2).

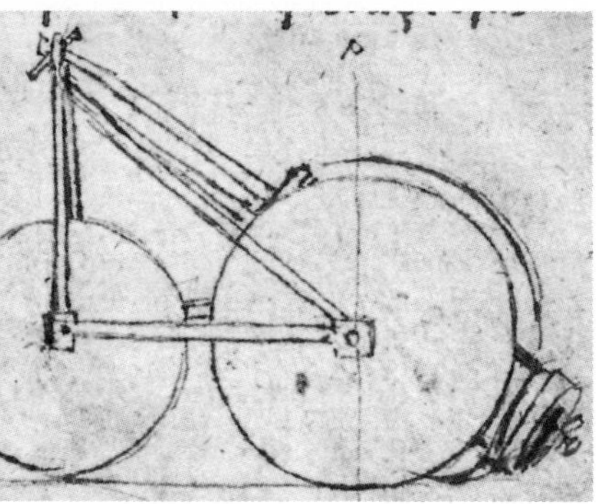

2 Les progrès techniques

Léonard de Vinci a imaginé diverses machines, mises au point et construites des siècles plus tard.

● **Quelle machine a-t-il imaginée sur ce dessin ?**

3 Peinture du Moyen Age

Les peintures du Moyen Age avaient généralement une signification religieuse, ce qui n'est pas le cas des peintures de la Renaissance.

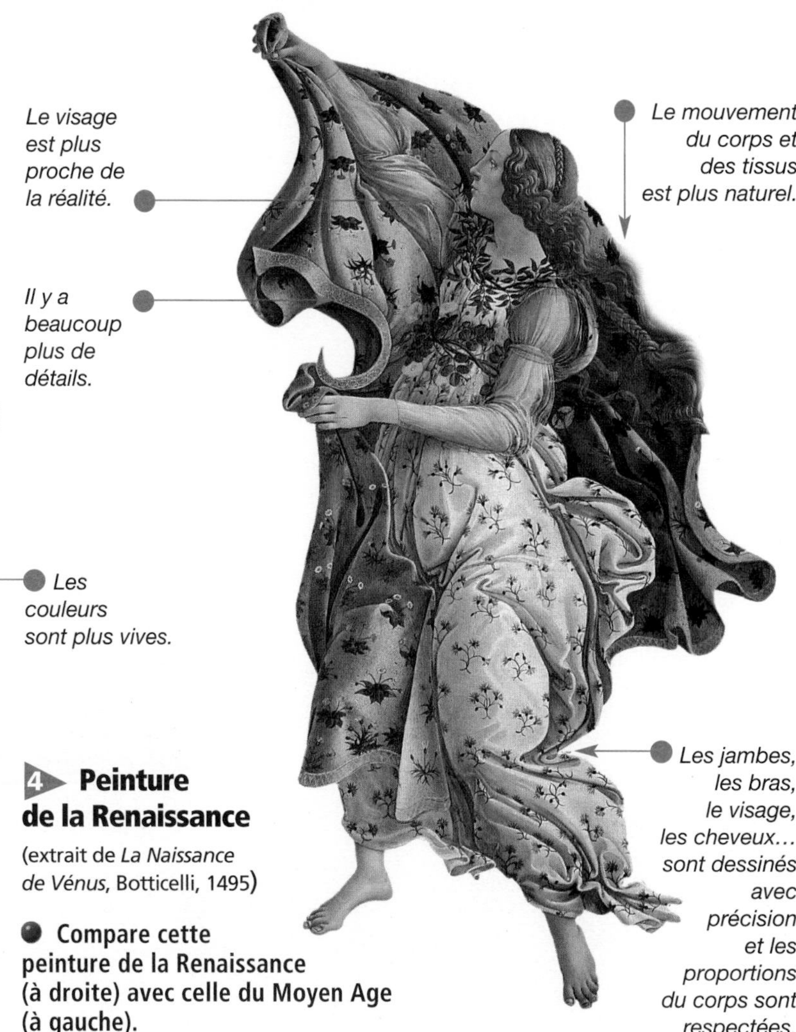

4 Peinture de la Renaissance

(extrait de *La Naissance de Vénus*, Botticelli, 1495)

● **Compare cette peinture de la Renaissance (à droite) avec celle du Moyen Age (à gauche).**

■ Les idées et les arts

Au XVe et au XVIe siècle, des penseurs étudièrent les textes de l'Antiquité; ils cherchaient à mieux comprendre le monde et étaient persuadés que l'homme était capable de réaliser d'importants progrès. On les appelait les humanistes.

L'art aussi s'inspira des œuvres de l'Antiquité et connut une période de profond renouveau sous le règne de François Ier (1515-1547) (chronologie page 10 de l'atlas). Des architectes construisirent de grands châteaux que les peintres et les sculpteurs comme Michel Ange ornèrent de leurs œuvres: des fresques, des tableaux et des sculptures représentant des paysages et surtout des personnages plus réalistes que dans les œuvres du Moyen Age (doc. 3 et 4). Ce renouveau artistique est appelé la « Renaissance ».

L E X I Q U E

ligaturer des artères: les fermer pour empêcher le sang de couler.

manuscrit: écrit à la main.

la Renaissance : période de renouveau scientifique, intellectuel et artistique.

voir résumé p. 116

Les monuments, sources de l'histoire

4. Le château de Chambord

A la suite des grandes découvertes, la France était riche. Rois et grands seigneurs se faisaient construire de magnifiques châteaux, comme celui de Chambord, au bord de la Loire, bâti au XVIe siècle par François Ier. L'architecture des châteaux de la Renaissance, très différente de celle des forteresses du Moyen Age, montre que les guerres féodales étaient achevées.

Les nombreuses fenêtres ouvrent le château sur l'extérieur.

Des tours bordent le château.

1 Le grand escalier

Le château compte 70 escaliers. Celui-ci est le plus grand; il possède deux parties: l'une pour monter, l'autre pour descendre.

Les fossés ne servent pas à défendre le château mais sont purement décoratifs.

Les nombreux invités du roi logeaient dans les 400 chambres.

D'immenses salons permettaient d'accueillir des centaines de personnes.

2 Le lanternon

Le lanternon, au sommet du château de Chambord, est orné d'une couronne et d'une fleur de lys.

● De quoi la fleur de lys et la couronne sont-elles les symboles ?

3 Un relais de chasse

Le château servait de pavillon de chasse : il possédait un immense parc, des écuries, un chenil et des fauconneries. Depuis le toit, les dames assistaient au départ à la chasse.

● Comment chasse-t-on avec des faucons ?

4 Un lieu de fête

Pour divertir ses invités, François Ier organisait des chasses mais aussi des concerts, des bals, des banquets…

● Compare ce château aux châteaux forts du Moyen Age (pages 84-85).

● Quels détails montrent que le château de Chambord n'a pas été construit pour protéger ses habitants des guerres ?

voir résumé p. 116

5. Renouveau et crise au XVIe siècle

1 La cour de François Ier

François Ier (au centre) avait fait venir les nobles à la Cour pour mieux les surveiller.

- **A ton avis, les rapports entre le roi et les nobles sont-ils restés les mêmes qu'au Moyen Age ?**

2 La bataille de Marignan

- **Sur la carte 14 de l'atlas, situe Marignan.**
- **Quels éléments montrent que cette médaille célèbre la victoire des Français sur les Italiens en 1515 ?**

Le règne de François Ier

Sous François Ier (1515-1547) (chronologie page 10 de l'atlas), la France connut une période de grandeur. L'armée fit la guerre en Italie pour agrandir le territoire français et, en 1515, remporta la bataille de Marignan (doc. 2 et carte 14 de l'atlas). Quelques années plus tard, elle fut vaincue à Pavie et la France perdit une partie de ses conquêtes.

François Ier mit fin aux guerres féodales et réduisit le pouvoir des nobles sur leurs domaines en les faisant venir à la Cour (doc. 1). En 1539, par l'ordonnance de Villers-Coterêts, il remplaça le latin par le français dans les actes de justice.

Le protestantisme

A la fin du Moyen Age, beaucoup de chrétiens reprochaient au pape et aux évêques de mener une vie luxueuse et souhaitaient une réforme de l'Église. Certains décidèrent de rétablir un christianisme plus conforme à l'Évangile et s'opposèrent au pape (doc. 4).

Ceux qui demeuraient fidèles à l'Église du pape étaient appelés les catholiques. Ceux qui ne reconnaissaient plus l'autorité du pape étaient appelés les protestants. Le Français Jean Calvin répandit le protestantisme en France où il fit de nombreuses conversions.

3 Le massacre de la Saint-Barthélemy, le 24 août 1572

4 L'Édit de Nantes

Nous permettrons à ceux de la Religion Réformée de vivre et demeurer par toutes les villes et lieux de notre royaume sans être vexés, brutalisés, ni obligés de faire des choses contre leur conscience. L'exercice de la religion pourra se faire publiquement. Nous défendons à tous nos sujets d'enlever par la force, contre le gré de leurs parents, les enfants de religion protestante pour les faire baptiser dans l'Église catholique.

D'après l'Édit de Nantes, 1598.

- **Quels étaient les droits des protestants ?**

Les guerres de religion

De 1562 à 1570, une terrible guerre civile opposa catholiques et protestants français.

Le soir du 24 août 1572, jour de la saint Barthélemy, le roi Charles IX autorisa l'exécution des chefs protestants: la nuit fut si sanglante qu'elle est appelée « massacre de la Saint-Barthélemy » (doc. 3).

En 1589, Henri III étant mort sans laisser de fils, son cousin Henri de Navarre, protestant, devait lui succéder. Sous la pression des catholiques, celui-ci fut obligé de se convertir au catholicisme pour devenir roi: il fut couronné sous le nom de Henri IV.

Henri IV mit fin à la guerre et rétablit l'ordre dans le pays. En 1598, malgré l'opposition des catholiques, il publia l'Édit de Nantes qui autorisait les protestants à pratiquer librement leur religion (doc. 4).

L E X I Q U E

un édit: une loi décidée par le roi seul.

la Cour: l'ensemble des personnes qui vivent dans l'entourage du roi.

une ordonnance: une décision écrite du roi de France.

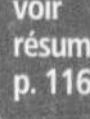

voir résumé p. 116

Exercice

Lis ce texte et réponds aux questions.

1. Quel est le sujet de ce texte ?

2. Quelles matières l'auteur conseille-t-il d'étudier ?

3. Quelles sont les autres matières que tu étudies à l'école et dont l'auteur ne parle pas ici ?

4. Quel passage de ce texte montre que Rabelais s'intéressait à l'Antiquité ?

5. Quel passage montre qu'il était un humaniste ?

6. En quoi peut-on dire que ce texte est une source de l'histoire ?

Quant à la connaissance des faits de la nature, je veux que tu t'y adonnes avec curiosité : qu'il n'y ait aucune mer, aucune rivière, aucune fontaine, dont tu ne connaisses les poissons, tous les oiseaux de l'air, tous les arbustes des forêts, toutes les herbes de la terre, tous les métaux cachés dans les abîmes, les pierreries de l'orient et du midi, que rien ne te soit inconnu. Puis soigneusement, lis les livres des médecins grecs, arabes et latins pour avoir une parfaite connaissance de cet autre monde qu'est l'homme.

D'après François Rabelais,
XIVe siècle.

Résumés

La Renaissance

Les cartes, sources de l'histoire

La connaissance du monde

L'étude des cartes anciennes montre que les Européens d'autrefois ne connaissaient pas toutes les régions du monde. Leurs connaissances ont évolué au fur et à mesure des explorations.

Les grandes explorations

Poussés par la curiosité, le désir de s'enrichir et de convertir le monde entier au christianisme, des navigateurs explorèrent les océans. En 1492, Christophe Colomb atteignit l'Amérique. Magellan prouva que la Terre est ronde. Le commerce maritime se développa.

La pensée et les arts au XVe et XVIe siècle

Le XVe et le XVIe siècle ont été marqués par de profondes transformations avec la mise au point de l'imprimerie, d'importants progrès scientifiques, les idées des humanistes et un renouveau artistique.

Les monuments, sources de l'histoire

Le château de Chambord

A la Renaissance, rois et seigneurs se sont fait construire de riches châteaux, comme celui de Chambord. En invitant les Grands du royaume à la cour, François Ier put les surveiller et mettre fin aux guerres féodales.

Renouveau et crise au XVIe siècle

Sous le règne de François Ier (1515-1547), la France connut une période de grandeur politique et culturelle. Au XVIe siècle, une terrible guerre civile opposa les catholiques et les protestants. Devenu roi, Henri IV, autorisa les protestants à pratiquer leur religion.

La monarchie absolue

XVIIe – XVIIIe siècle

10

Au XVIIe siècle, la société française est toujours divisée en trois « ordres » : le peuple, la noblesse et le clergé. Les souverains rétablissent l'ordre et leur autorité sur le royaume.

Louis XIV par Rigaud, XVIIe siècle.

- Décris l'habillement et la coiffure du roi Louis XIV.
- Cite trois symboles de la royauté représentés sur ce tableau.
- Quelle est l'attitude du roi ?

1. La montée du pouvoir royal

1 Le siège de La Rochelle (peinture d'Henri Motte, 1881, La Rochelle, musée d'Orbigny)

Grand port de commerce, La Rochelle était aux mains des protestants en révolte contre le roi. En 1627, le Premier ministre Richelieu organisa le siège de la ville dont il reprit le contrôle.

A quoi voit-on que Richelieu est membre du clergé ? qu'il agit en tant que militaire ?

Vers la monarchie absolue

Au XVIIe siècle, Henri IV puis Louis XIII et son ministre, le cardinal de Richelieu, établirent leur autorité sur le royaume de France : ils soumirent les nobles et les protestants opposés au pouvoir royal (doc. 1).

A la mort de Louis XIII, en 1643, Louis XIV, descendant de Hugues Capet, n'avait que cinq ans. Sa mère et le cardinal de Mazarin exercèrent la régence et imposèrent leur autorité sur le royaume.

Louis XIV, le Roi Soleil

En 1661, à la mort de Mazarin, Louis XIV, gouverna en considérant que ses sujets lui devaient une totale obéissance : c'était la monarchie absolue de droit divin (doc. 2).

Pour réduire le pouvoir de la noblesse, il choisit ses ministres dans la bourgeoisie. Il incita les nobles à se détourner des affaires du royaume pour vivre à la Cour.

Louis XIV contrôlait entièrement le pays. Il pouvait jeter quelqu'un en prison par simple décision. Il imposa son autorité aux évêques français et, en 1685, il interdit la religion protestante en révoquant l'Édit de Nantes : les protestants furent à nouveau persécutés.

Louis XIV se faisait appeler le « Roi Soleil » pour marquer sa toute-puissance sur la France.

2 Le pouvoir absolu

Toute puissance, toute autorité réside dans la main du roi. Tout ce qui se trouve dans l'étendue de nos États nous appartient. Les rois sont seigneurs absolus.

J'ai décidé de ne pas prendre de Premier ministre, rien n'étant plus indigne que de voir, d'un côté, toutes les fonctions et de l'autre, le seul titre de roi. Il fallait faire connaître que mon intention n'était pas de partager mon autorité.

Louis XIV, 1661.

- **Qui est l'auteur de ce texte ?**
- **Quels arguments utilise-t-il pour justifier la monarchie absolue ?**

3 Une manufacture

- **Quels produits ces ouvrières fabriquent-elles ?**
- **Quelles sont les différences entre le travail d'un artisan et le travail dans une manufacture ?**

La grandeur de la France

Durant son long règne (de 1643 à 1715) (chronologie page 10 de l'atlas), Louis XIV voulut faire de la France une grande puissance. Il agrandit le royaume par la guerre (carte 15 de l'atlas). Aidé par son ministre Vauban, il fit construire des places fortes le long des frontières.

Son ministre Colbert encouragea la création de manufactures de tapisseries, d'armes et de tissus (doc. 3). Il réorganisa la marine et entreprit de grands travaux pour développer le commerce, en France et sur l'Atlantique.

Sous le règne de Louis XIV, la France était le royaume le plus puissant, le plus vaste, le plus peuplé et l'un des plus riches d'Europe.

LEXIQUE

de droit divin: qui vient de Dieu.

une manufacture: un atelier dans lequel on fabrique des objets en grande quantité et à la main.

la monarchie absolue: un pouvoir royal sans limite.

un monarque: un roi, un empereur.

la noblesse: l'ensemble des nobles.

la régence: une période durant laquelle le pouvoir royal est confié à une personne, parce que le roi n'est pas capable de régner (par exemple, quand il est trop jeune).

révoquer: annuler.

voir résumé p. 130

Les monuments, sources de l'histoire

2. Le château de Versailles

Au XVIIe siècle, le roi Louis XIV fit construire un gigantesque palais à Versailles pour y vivre entouré de la Cour (carte 15 de l'atlas).

1 La galerie des Glaces

L'architecture de ce château ne comporte aucun élément défensif : ce palais a été bâti pour permettre à la Cour de mener une existence luxueuse et raffinée. L'intérieur est décoré de marbre, de fresques, de boiseries dorées à l'or fin et de tableaux. La galerie des Glaces, longue de 76 mètres, est éclairée par de grands lustres en cristal, par de larges fenêtres et d'immenses miroirs, situés face aux fenêtres, qui reflétaient la lumière. Cette galerie accueillait les fêtes, les bals masqués et tous les divertissements que le roi organisait pour attirer les Grands du royaume à Versailles.

Le roi assistait chaque matin à la messe dans la chapelle.

Le « pavillon de la guerre » au nord.

2 Les jardins

Le château possède un immense parc, dessiné de manière géométrique par le jardinier Le Nôtre. Il comporte d'innombrables statues, des fontaines, des jets d'eau, mais aussi une orangerie, une ménagerie…

3 La vie de Cour

Les fêtes, les voyages, les promenades particulières furent des moyens pour le Roi de distinguer ou de mortifier les personnes qu'il nommait pour y participer ou non, et pour tenir chacun attentif à lui plaire. Il nommait chaque jour un courtisan pour tenir le bougeoir à son coucher.
Le roi regardait à droite et à gauche, à son lever, à son coucher, à ses repas, en passant dans les appartements, dans ses jardins; il voyait et remarquait tout le monde et distinguait bien les absences.

D'après Saint-Simon, XVIIIe siècle.

- **A ton avis, pourquoi les nobles s'empressaient-ils autour du roi ?**
- **Fais des recherches à propos du cérémonial en vigueur à la cour de Louis XIV.**
- **Compare ce château à ceux du Moyen Age (pages 84-85) et de la Renaissance (pages 112-113).**

Le « pavillon de la paix » au sud.

e château comptait lus de 1300 pièces our loger outes les personnes.

voir résumé p. 130

L'art, source de l'histoire

3. L'art classique

Au cours de son règne, Louis XIV a encouragé les artistes en leur passant de nombreuses commandes. L'art classique est caractérisé par l'ordre, la mesure, la symétrie et la maîtrise des sentiments.

1 Les jardins à la française

Comme Le Nôtre, les architectes et les jardiniers ont créé des jardins ordonnés et symétriques, aux formes géométriques, que l'on appelle encore « jardins à la française ».

2 La peinture et la musique

La peinture classique est elle aussi marquée par la symétrie : sur ce tableau de Le Nain, les personnages à droite et à gauche portent chacun un chapeau à plume et jouent d'un instrument de musique.

La scène est calme, le mouvement est posé, très différent des « envolées » de la Renaissance.

Au XVIIe et au XVIIIe siècle naît un nouveau style de musique : la « musique classique ». Louis XIV confia à Lully l'organisation des concerts et des spectacles à Versailles. Sa musique, faite pour les cérémonies de la Cour, est brillante et sans émotion.

3 Le théâtre

Louis XIV aimait le théâtre, les comédies de Molière, qui ridiculisaient les gens de la Cour et faisaient rire, mais aussi les tragédies de Racine et Corneille, qui savaient émouvoir le public.

4 Les écrivains

Louis XIV encouragea les écrivains. Parmi eux, Jean de la Fontaine fut l'auteur de nombreuses fables qui dénonçaient les défauts des hommes de son temps.

Le Corbeau et le Renard

Maître Corbeau sur un arbre perché,
Tenait en son bec un fromage.
Maître Renard par l'odeur alléché,
Lui tint à peu près ce langage :
« Hé ! bonjour, Monsieur du Corbeau.
Que vous êtes joli ! que vous me semblez beau !
Sans mentir, si votre ramage
Se rapporte à votre plumage,
Vous êtes le phénix des hôtes de ces bois. »
A ces mots, le Corbeau ne se sent pas de joie ;
Et pour montrer sa belle voix,
Il ouvre un large bec, laisse tomber sa proie.
Le Renard s'en saisit, et dit : « Mon bon Monsieur,
Apprenez que tout flatteur
Vit aux dépens de celui qui l'écoute :
Cette leçon vaut bien un fromage, sans doute. »
Le Corbeau, honteux et confus,
Jura, mais un peu tard, qu'on ne l'y prendrait plus.

Jean de La Fontaine, XVIIe siècle.

- **De qui Jean de La Fontaine se moque-t-il dans *Le Corbeau et le Renard* ?**
- **Quelle est la morale de cette fable ?**
- **Cite tous les éléments qui, sur cette leçon, montrent que l'on aimait le luxe à la Cour du roi.**

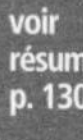

voir résumé p. 130

4. La société française sous la monarchie absolue

1 Les pauvres et les mendiants (peinture du XVIIe siècle)

- A quoi voit-on que ces personnes sont misérables ?

La misère du peuple

Sous le règne de Louis XIV, la plupart des Français étaient pauvres (doc. 1). Les paysans cultivaient des parcelles de terre trop petites et les artisans avaient de maigres revenus. Le peuple payait de lourds impôts au roi, aux nobles et à l'Église (doc. 2). Ceux qui ne pouvaient pas payer étaient chassés de leur maison.

A plusieurs reprises, le peuple souffrit de la famine et se révolta, mais les émeutes furent violemment réprimées par l'armée.

Au cours du XVIIIe siècle, les conditions de vie du peuple s'améliorèrent. Les famines se raréfièrent grâce à de nouvelles cultures, comme celle de la pomme de terre rapportée d'Amérique. L'essor des manufactures fournit de nouveaux emplois.

La vie des privilégiés

La noblesse et le clergé étaient des ordres privilégiés: ils ne payaient pas le principal impôt, la taille. Certes, la petite noblesse et le bas clergé n'étaient pas riches: la vie de

3 La richesse de la haute bourgeoisie et de la noblesse

(peinture du XVIIe siècle)

● A quoi voit-on que cet homme est riche ?

2 La misère du peuple

Votre peuple meurt de faim, la culture des terres est abandonnée, les villes et les campagnes se dépeuplent. Au lieu de tirer de l'argent de ce pauvre peuple, il faudrait lui faire l'aumône et le nourrir. Il est plein de désespoir. La France entière n'est plus qu'un grand hôpital désolé et sans provisions. La révolte s'allume peu à peu.

Lettre de Fénelon à Louis XIV.

● **Explique les critiques de Fénelon au roi.**

certains nobles, des prêtres de campagne et des moines ressemblait à celle du peuple. Mais les Grands du royaume et le haut clergé (les évêques et les abbés) menaient une vie luxueuse à la Cour du roi grâce aux revenus qu'ils tiraient de leurs immenses domaines et des hautes fonctions qu'ils exerçaient dans l'administration (doc. 3).

Quelques bourgeois très riches (de grands commerçants, des armateurs et des banquiers) cherchaient à se faire anoblir par le roi pour disposer des mêmes privilèges que la noblesse.

L E X I Q U E

un abbé: un moine qui dirige une abbaye.

anoblir: rendre noble.

un armateur: un propriétaire de bateaux de commerce.

une émeute: une révolte.

un ordre: sous la monarchie absolue, l'une des trois parties de la société (le peuple ou tiers état, la noblesse et le clergé).

un privilégié: une personne qui bénéficie d'avantages.

voir résumé p. 130

5. Le siècle des Lumières

1 Contre la monarchie absolue

Aucun homme n'a reçu de la nature le droit de commander aux autres. La liberté est un présent du ciel. Le prince tient son autorité de ses sujets et cette autorité est limitée par les lois de la nature et de l'État. Le prince ne peut donc pas disposer de son pouvoir et de ses sujets sans le consentement de la nation.

D'après Diderot, XVIIIe siècle.

- **Énumère les arguments des philosophes des Lumières contre la monarchie absolue.**

2 Contre les privilèges

Parce que vous êtes un grand Seigneur, vous vous croyez un grand génie… Noblesse, fortune, un rang, des places, tout cela rend si fier ! Qu'avez-vous fait pour tant de biens ? Vous vous êtes donné la peine de naître, et rien de plus ; du reste homme assez ordinaire. Tandis que moi, morbleu ! perdu dans la foule obscure, il m'a fallu déployer plus de science et de calculs pour subsister seulement, qu'on en a mis depuis cent ans à gouverner toutes les Espagnes.

D'après Beaumarchais, Le Mariage de Figaro, 1784.

- **D'après ce texte, pourquoi ce « seigneur » se prend-il pour un grand génie ?**
- **A ton avis, Beaumarchais était-il un privilégié ?**
- **Quelle était son opinion sur les privilèges de la noblesse ?**

3 L'Encyclopédie

Cet énorme dictionnaire a été rédigé entre 1751 et 1772 par des philosophes et des scientifiques, sous la direction de Diderot. Pour la première fois étaient rassemblées, en 35 volumes, toutes les connaissances de l'époque.

- **Quel métier est représenté sur cette illustration tirée de *L'Encyclopédie* ?**

Les philosophes des Lumières

Comme la Renaissance, le XVIIIe siècle a été marqué par un désir de connaissance et par de nombreuses découvertes.

Les philosophes comme Montesquieu, Voltaire, Diderot et Rousseau pensaient que les hommes pouvaient trouver le bonheur en « éclairant » leur esprit : c'est pourquoi on les a appelés les « philosophes des Lumières ».

Contre la monarchie absolue

Les philosophes des Lumières souhaitaient que tous les hommes soient libres. Ils affirmaient que le roi ne devait pas disposer d'un pouvoir absolu sur ses sujets et que son autorité ne lui venait pas de Dieu. Ils proposaient de réformer le régime politique (doc. 1). Montesquieu souhaitait que les pouvoirs législatif, exécutif et judiciaire soient séparés : le roi n'aurait alors plus le droit de faire des lois ni celui de contrôler les juges. Jean-Jacques Rousseau voulait instaurer un régime démocratique.

Contre les privilèges

Les philosophes des Lumières critiquaient également les privilèges excessifs de la noblesse et du clergé (doc. 2) et souhaitaient que tous les hommes soient égaux.

4 Un café

Au XVIIIe siècle, les cafés étaient des lieux animés: on y servait des boissons et les hommes y passaient de longs moments, pour s'y rencontrer, s'informer et échanger leurs idées. Les cafés étaient alors interdits aux femmes.

- **D'après leurs costumes, détermine si ces personnes font partie de la noblesse, du clergé ou du tiers état.**
- **A ton avis, de quoi discutent les personnes représentées sur cette gravure ?**

Des idées en vogue

Les idées des Lumières ont été exprimées dans des livres comme *L'Encyclopédie* (doc. 3). En ville, elles étaient discutées dans des salons littéraires et dans des cafés (doc. 4). A la campagne, elles étaient diffusées par des brochures vendues par les colporteurs.

Peu à peu, de nombreux bourgeois se convertirent à leurs idées et commencèrent à faire pression sur le roi pour obtenir des réformes.

Certains ministres de Louis XV et Louis XVI tentèrent de faire des réformes et d'instaurer un impôt pour tous. Ils se heurtèrent à l'opposition de la noblesse et du clergé et renoncèrent à leur projet.

LEXIQUE

un bourgeois: à partir du XVIIIe siècle, un habitant des villes qui dispose de certaines richesses.

un colporteur: un marchand ambulant.

un philosophe: un penseur qui réfléchit sur la manière d'organiser la société.

populaire: aimé par le peuple.

le pouvoir exécutif: le pouvoir chargé de faire appliquer les lois.

le pouvoir judiciaire: le pouvoir chargé de rendre la justice.

le pouvoir législatif: le pouvoir chargé de faire respecter les lois.

un régime démocratique: le système politique dans lequel le pouvoir appartient au peuple, qui nomme des représentants.

un régime politique: la forme de gouvernement d'un État.

voir résumé p. 130

6. La France à la veille de la Révolution

A la fin du XVIIIe siècle, la France traversa d'importantes difficultés économiques. La misère qu'elles provoquèrent dans le peuple et la diffusion des idées des Lumières contribuèrent à faire monter l'opposition au régime et la contestation de la politique menée par le roi.

1 Louis XVI et Marie-Antoinette

A la fin du XVIIIe siècle, la France était gouvernée par Louis XVI, roi faible. Mal conseillé par son entourage, il ne soutint pas les réformes engagées par ses ministres. Sa femme, Marie-Antoinette, était mal préparée à son rôle de reine. Son origine autrichienne, son goût du luxe et ses dépenses excessives la rendirent impopulaire.

- **Décris l'habillement et la coiffure du roi Louis XVI ; ceux de Marie-Antoinette.**
- **Cite les symboles de la royauté visibles sur ces tableaux.**

2 La contestation de la société d'ordres

Ce dessin est une caricature, c'est-à-dire une vision moqueuse et exagérée d'une situation.

- **A quel ordre chacune de ces femmes appartient-elle ? A quoi le vois-tu ?**
- **Pourquoi l'une d'elles porte-t-elle les deux autres sur son dos ?**
- **Quel message le dessinateur a-t-il voulu faire passer ?**

3 Un exemple pour la France : l'indépendance des États-Unis d'Amérique

Au XVIIIe siècle, le nord de l'Amérique comportait treize colonies anglaises. A partir de 1776, les habitants de ces colonies, dirigés par George Washington, entrèrent en guerre contre les Anglais pour obtenir leur indépendance. Soutenus par les Français qui leur envoyèrent une armée commandée par le général La Fayette, ils vainquirent les Anglais : les treize colonies devinrent indépendantes, prirent le nom d'« États-Unis d'Amérique » et fondèrent un régime démocratique.

● **En quoi la guerre d'indépendance des États-Unis d'Amérique a-t-elle renforcé le désir de liberté des Français ?**

L'armée anglaise, vaincue, se rend : l'Angleterre perd le contrôle de ses colonies en Amérique.

L'armée américaine, victorieuse, est commandée par George Washington : elle agite un drapeau qui deviendra celui des États-Unis d'Amérique.

L'armée française est venue aider les colons d'Amérique : on la reconnaît à son drapeau blanc, couleur de la royauté française.

4 La crise économique

La guerre d'Amérique coûta cher à la France qui l'avait soutenue et contribua à mettre fin à la prospérité qui durait depuis le début du XVIIIe siècle. La famine et le chômage frappèrent alors bon nombre de Français, comme en témoignent ces fiches du Commissariat parisien, qui répertorient quelques mendiants.

Denis Bourdemère, 25 ans, tisserand, sans ouvrage depuis quinze jours,
Jean Allouard, 80 ans, tailleur de pierre,
Sylvain Bellon, 26 ans, garçon maçon, domicile connu,
Louise-Hélène Cessieux, 34 ans et demi, femme de Charles Gervais, compagnon, sans ouvrage depuis six semaines. Elle est ouvrière couturière sans ouvrage depuis sept semaines. Il est vrai que depuis cette dernière époque, elle mendie pour faire subsister un mari malade et leurs trois enfants dont un à la mamelle.

● **Pourquoi ces gens sont-ils devenus mendiants ?**

● **Quel lien peut-on faire entre la crise économique et la montée du mécontentement dans la population ?**

voir résumé p. 130

Exercice

Cette caricature représente les trois ordres de la société française au XVIIIe siècle.

1. Quel ordre représente chaque personnage ?

2. Quels éléments de leur vêtement ou de leur équipement te permettent de les reconnaître ?

3. Pourquoi le dessinateur a-t-il représenté l'un des trois ordres portant les deux autres sur son dos ?

Résumés

La monarchie absolue

La montée du pouvoir royal

Au XVIIe siècle, les rois rétablirent une autorité sans partage. Louis XIV, le « Roi Soleil », régna en monarque absolu. Il ôta tout pouvoir à la noblesse, agrandit le territoire français et développa les manufactures et le commerce.

Les monuments, sources de l'histoire

Le château de Versailles

Construit comme un immense palais, le château de Versailles était la résidence de Louis XIV et de sa Cour. Les nobles y menaient une vie luxueuse, marquée par une stricte étiquette.

L'art, source de l'histoire

L'art classique

L'art classique est caractérisé par l'ordre, la mesure, la symétrie et la maîtrise des sentiments. C'est aussi l'époque des célèbres comédies de Molière et des fables de La Fontaine.

La société française sous la monarchie absolue

Au XVIIe et au XVIIIe siècle, la société française était divisée en trois ordres : la noblesse et le clergé bénéficiaient d'importants privilèges tandis que le peuple ou tiers état vivait dans la misère.

Le siècle des Lumières

Au XVIIIe siècle, les philosophes des Lumières ont dénoncé les abus de la monarchie absolue et demandé des réformes. Ils répandaient l'idéal d'une société composée d'hommes libres et égaux.

La France à la veille de la Révolution

A la fin du XVIIIe siècle, Louis XVI, mal conseillé, s'avéra incapable de faire les réformes nécessaires. Les difficultés économiques accrurent le mécontentement de la population.

La Révolution puis l'Empire 11

1789-1815

Prise de la Bastille, estampe du XVIIIe siècle, Paris, musée Carnavalet.

- Décris l'habillement de ces personnes.
- Quelles armes utilisent-elles ?
- A ton avis, contre qui et pourquoi se battent-elles ?

Les monnaies, sources de l'histoire

1. La fin de l'absolutisme

A partir de 1789, la France a vécu de profonds bouleversements qui nous sont connus grâce à différentes sources, en particulier les récits et les témoignages des contemporains. L'étude des monnaies fournit également de précieux renseignements sur cette période.

1 La monarchie absolue

- **Quel était le régime politique de la France en 1789 ?**

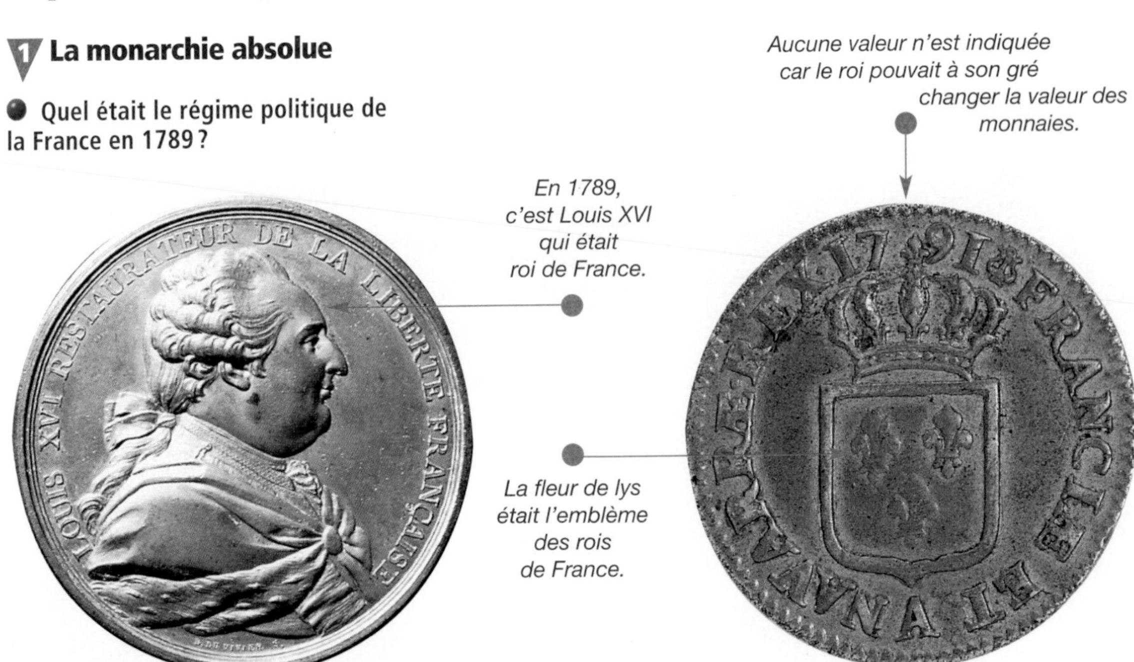

2 Des changements de régime

- **De quand datent ces monnaies ?**
- **Quel était le régime politique de la France à chacune de ces dates ?**
- **Qu'est-ce qui a pu provoquer ces changements de régime en France ?**
- **A l'aide de la chronologie de l'atlas page 11, cite la succession des régimes entre 1789 et 1815.**
- **Que sais-tu de l'homme représenté sur la monnaie à droite ?**

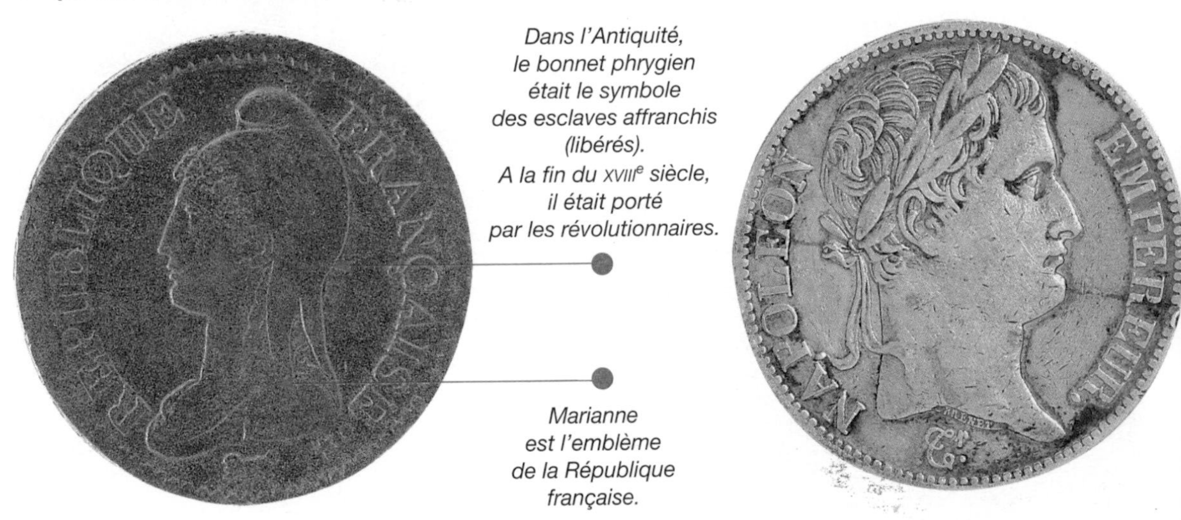

3 Les premiers billets

Autrefois, les seules monnaies qui existaient étaient les pièces. Quand quelqu'un avait une grosse somme d'argent à verser, il devait transporter de grandes quantités de pièces, ce qui était lourd, peu pratique et surtout dangereux, car il pouvait se faire attaquer et voler. A la fin du XVIIIe siècle, l'État français a fabriqué les premiers billets, plus faciles à transporter et à cacher.

- **Comment s'appelaient ces premiers billets ?**
- **Datent-ils de la République ou de la monarchie ? (justifie ta réponse)**

4 Un système simplifié

Autrefois, il existait de nombreuses monnaies différentes: des livres, des liards, des sols, des sous, des écus, des deniers, des louis... Pour payer, il fallait effectuer de savants calculs. Par exemple, un liard valait 3 deniers, un demi-sol 6 deniers... A la fin du XVIIIe siècle, on simplifia ce système en le réduisant à trois monnaies: le franc, le décime et le centime.

- **Puisqu'un centime vaut le centième d'un franc, à ton avis combien valait un décime ?**
- **Quelles monnaies existent encore de nos jours ?**
- **Le franc existait déjà au Moyen Age : qui a créé le « franc à cheval » ?**

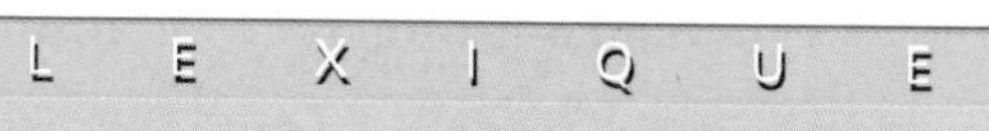

LEXIQUE

une devise: une phrase symbolique qui suggère un idéal propre à une personne, à un régime politique, à une entreprise.

une république: un régime politique dans lequel le pouvoir n'appartient pas à une seule personne et n'est pas héréditaire (par opposition à la monarchie).

voir résumé p. 146

2. La Révolution de 1789

1 La réunion des états généraux

● Où se trouve Louis XVI ?
● Comment les trois ordres ont-ils été disposés ?

2 Un cahier de doléances

Sire, nous sommes accablés d'impôts de toutes sortes; nous vous avons donné jusqu'à présent une partie de notre pain, et il va bientôt nous manquer si cela continue. Si vous voyiez les pauvres chaumières que nous habitons, la pauvre nourriture que nous prenons, vous en seriez touché. Cela vous dirait mieux que nos paroles que nous n'en pouvons plus et qu'il faut nous diminuer nos impôts. Ce qui nous fait bien de la peine, c'est que ceux qui ont le plus de bien paient le moins. Nous payons la taille, et le clergé et la noblesse rien de tout cela. Pourquoi donc est-ce que ce sont les riches qui paient le moins et les pauvres qui paient le plus? Est-ce que chacun ne doit pas payer selon son pouvoir? Sire, nous vous demandons que cela soit ainsi, parce que cela est juste.

Les paysans de Culmont, 1789.

● Compare ces demandes aux idées des Lumières.

Les états généraux

En 1789, Louis XVI convoqua les états généraux dans l'espoir de trouver une solution pour remplir les caisses de l'État. A cette occasion, les Français furent invités à rédiger des cahiers de doléances dans lesquels ils exprimèrent leurs critiques et leurs souhaits concernant l'État, l'administration, leur vie quotidienne… (doc. 2)

Les états généraux se réunirent le 5 mai 1789 à Versailles (doc. 1). Les députés du tiers état, qui étaient les plus nombreux, espéraient imposer des réformes, mais pour les votes, le roi accorda une voix à chaque ordre: une pour la noblesse, une pour le clergé et une pour le tiers état, qui était donc en minorité face aux ordres privilégiés.

Mécontents, les députés du tiers état s'engagèrent à ne pas se séparer sans avoir donné une constitution à la France: ce fut le serment du Jeu de paume, le 20 juin 1789. Après le ralliement de quelques députés de la noblesse et du clergé, ils transformèrent les états généraux en assemblée constituante: Louis XVI perdait ainsi son pouvoir absolu.

La prise de la Bastille

Pour réaffirmer son autorité, Louis XVI fit venir 20000 soldats à Paris, ce qui provoqua des manifestations populaires. Le 14 juillet 1789, le peuple de Paris s'empara de la Bastille, prison symbole de l'absolutisme royal (doc. 3).

La garnison de la Bastille tire sur les assaillants.

Le peuple de Paris arrive, armé de piques et traînant des canons.

Le gouverneur de la prison est arrêté par les gardes nationaux.

3 La prise de la Bastille

Le roi pouvait emprisonner qui il voulait dans la prison de la Bastille. Quand les Français se sont révoltés contre lui, ils ont donc détruit cette prison, symbole de la monarchie absolue.

- **A quoi vois-tu que les combats ont été violents ?**

4 La Déclaration des droits de l'homme et du citoyen

- **Cherche dans un dictionnaire les mots que tu ne connais pas et explique chacun de ces articles.**
- **Lesquels parlent de liberté ? d'égalité ?**

Art. 1 Les hommes naissent et demeurent libres et égaux en droits. Les distinctions sociales ne peuvent être fondées que sur l'utilité commune.
Art. 2 Le but de toute association politique est la conservation des droits naturels et imprescriptibles de l'homme: ces droits sont la liberté, la propriété, la sûreté et la résistance à l'oppression.
Art. 3 Le principe de souveraineté réside essentiellement dans la Nation; ni corps, ni individu ne peut exercer d'autorité qui n'en émane expressément.

Le mouvement de révolte se propagea depuis Paris vers les autres villes. Dans les campagnes, les paysans, qui souffraient de la disette, s'armèrent et attaquèrent des châteaux: ce mouvement fut appelé la « Grande peur ». Impuissant, Louis XVI ne put arrêter la Révolution qui gagna tout le pays.

■ L'abolition des privilèges

Dans la nuit du 4 août 1789, l'Assemblée vota l'abolition des privilèges. Le 26 août 1789, elle adopta la Déclaration des droits de l'homme et du citoyen qui établissait l'égalité de tous devant la loi et garantissait les libertés fondamentales de chacun (doc. 4).

Ces décisions marquèrent la fin du régime féodal et de la société divisée en trois ordres.

LEXIQUE

l'abolition: la suppression, l'annulation.

une assemblée constituante: un groupe de personnes chargées de rédiger une constitution.

une constitution: une loi ou un ensemble de lois qui définit les rapports entre ceux qui gouvernent et ceux qui sont gouvernés.

une doléance: une plainte, une réclamation.

les états généraux: la réunion des représentants (des députés) des trois ordres convoquée par le roi de France.

voir résumé p. 146

3. La monarchie constitutionnelle (1790-1792)

1 La Constitution de 1791

Le 14 septembre 1791, Louis XVI, présent à l'Assemblée nationale, fut contraint d'accepter la constitution qui limitait son pouvoir.

- **A ton avis, quel était son sentiment ce jour-là ?**

2 Le retour de la famille royale

La voiture du roi paraissait comme au milieu d'une forêt de baïonnettes. Des ordres sévères avaient été donnés pour que le roi rencontrât partout sur son passage un silence morne et lugubre. La garde nationale avait le fusil renversé, comme un jour de deuil. Le peuple qui était derrière restait muet, le chapeau sur la tête. On avait affiché dans plusieurs endroits: « Celui qui applaudira le roi aura des coups de bâton; celui qui l'insultera sera pendu. » Mais à l'approche du château des Tuileries, les injures et les menaces les plus atroces retentirent de toutes parts. La reine surtout parut être l'objet de la fureur populaire.

D'après Fontanges, fin du XVIIIe siècle.

- **Comment le peuple de Paris accueille-t-il la famille royale ?**

Les transformations politiques

Le 14 juillet 1790, lors de la fête de la Fédération, anniversaire de la prise de la Bastille, le Roi jura fidélité à la nation.

La constitution de 1791 instaura la monarchie constitutionnelle (doc. 1). Une assemblée législative, élue au suffrage censitaire, était chargée de préparer et de voter les lois. Louis XVI nommait les ministres et faisait appliquer ces lois. Il disposait d'un droit de veto qui lui permettait de s'opposer au vote d'une loi.

Les anciens impôts furent supprimés et remplacés par d'autres, plus justes. L'Assemblée créa une nouvelle monnaie: les assignats. La justice fut confiée à des juges élus et la torture abolie. L'Assemblée instaura la liberté de religion et déclara que les biens du clergé appartenaient désormais à l'État.

Dépourvu de ses biens, le clergé était désormais payé par l'État; en contrepartie, il devait jurer fidélité à la Constitution. Certains prêtres refusèrent de prêter ce serment: soutenus par le Pape, ces prêtres réfractaires s'opposaient à la Révolution.

La fuite puis la chute du roi

Louis XVI n'était pas en accord avec le régime de monarchie constitutionnelle et se sentait prisonnier de la Révolution. En juin 1791, il tenta de fuir à l'étranger avec sa famille. Arrêté à Varennes, il fut ramené à Paris (doc. 2). A partir de ce moment, le peuple français perdit toute confiance en lui.

3 L'abolition de la royauté

- Qui a aboli la royauté ?
- Combien de temps après la prise de la Bastille cet événement a-t-il eu lieu ?
- A ton avis, pourquoi la royauté a-t-elle été abolie ?
- Qui a alors gouverné la France ?

N°: 222.

DÉCRET
DE L'ASSEMBLÉE NATIONALE.
Du vingt un Septembre 1792.
L'AN QUATRIÈME DE LA LIBERTÉ.

La convention nationale décrète à l'unanimité que la royauté est abolie en france

4 L'enrôlement des volontaires

L'armée française ayant subi plusieurs défaites, l'Assemblée proclama la patrie en danger, en juillet 1792, et demanda à des volontaires de s'enrôler.

- **Sur la carte 16 de l'atlas, trouve contre qui la France était en guerre en 1793.**

Quelques mois plus tard, l'Assemblée le déposa et le fit emprisonner pour trahison envers la nation française. Une nouvelle assemblée, la Convention, abolit la royauté et proclama la République le 21 septembre 1792 (doc. 3).

Les guerres de la Révolution

A partir de 1792, la France, qui souhaitait étendre la Révolution à toute l'Europe, entra en guerre avec plusieurs pays voisins. D'abord victorieuse à Valmy et à Jemmapes, l'armée française fut ensuite repoussée (carte 16 de l'atlas).

Inquiète de l'avancée des armées ennemies qui marchaient sur Paris, la Convention lança un vaste appel aux volontaires en 1792 (doc. 4) : 300 000 hommes rejoignirent le champ de bataille et arrêtèrent l'invasion étrangère.

LEXIQUE

une assemblée législative : une assemblée chargée de faire les lois.

déposer (un roi) : lui retirer ses pouvoirs, son titre.

un droit de veto : un droit de refuser, de s'opposer à une décision.

une mobilisation : la constitution d'une armée.

une monarchie constitutionnelle : un système politique dans lequel le pouvoir du roi est limité par une constitution.

réfractaire : qui refuse.

le suffrage censitaire : le droit de vote accordé aux plus riches.

voir résumé p. 146

4. La Convention puis le Directoire (1792-1799)

1 L'exécution de Louis XVI

Sur la place de la Révolution à Paris (l'actuelle place de la Concorde), on installa une guillotine en 1793, pour exécuter les opposants à la Révolution.

- **Pourquoi la garde nationale est-elle présente à l'exécution de Louis XVI ?**
- **Pourquoi le bourreau montre-t-il la tête de Louis XVI à la foule ?**

2 La Terreur

Sont réputés gens suspects ceux qui, soit par leur conduite, soit par leurs relations, soit par leurs propos ou leurs écrits se sont montrés partisans de la tyrannie et ennemis de la liberté ; ceux qui ne pourront pas justifier de leurs moyens d'exister ; les nobles qui n'ont pas constamment manifesté leur attachement à la Révolution ; ceux qui ont émigré depuis juillet 1789.

Décret de la Convention, 17 septembre 1793.

- **Qui la Terreur poursuivait-elle ?**
- **En quoi ce texte contredit-il la Déclaration des droits de l'homme et du citoyen ?**

La Convention (1792-1793)

Au sein de la Convention, deux groupes de députés s'opposaient: les Girondins, modérés, et les Montagnards (dont Danton, Robespierre et Marat) qui, avec l'appui des sans-culottes, voulaient poursuivre la Révolution. Les Montagnards, de plus en plus influents, condamnèrent le Roi à mort pour trahison envers la patrie et le firent guillotiner le 21 janvier 1793 (doc. 1).

La France se trouvait alors en proie à de sérieuses difficultés: une grave crise économique frappait le pays; l'armée subissait de nouvelles défaites à l'étranger; en Vendée, les Chouans, royalistes, organisèrent une vaste insurrection pour tenter de mettre fin à la Révolution (doc. 3).

La Terreur (1793-1795)

Pour régler ces problèmes, des Montagnards dirigés par Robespierre prirent le pouvoir en 1793 et instaurèrent la Terreur.

Ils firent guillotiner ceux qu'ils considéraient comme des ennemis de la Révolution (les Girondins et même quelques Montagnards comme Danton...) (doc. 2).

Ils envoyèrent des troupes en Vendée pour combattre les Chouans et recrutèrent 700 000 soldats supplémentaires dans l'espoir de mettre fin aux guerres extérieures (carte 16 de l'atlas).

En 1794, lassés des excès de la Terreur, certains membres de la Convention firent arrêter et exécuter Robespierre et ses amis et rétablirent la paix dans le pays.

3 Les Chouans

- Sur la carte 16 de l'atlas, situe les régions dans lesquelles ont eu lieu les insurrections contre la Révolution.
- A ton avis, le prêtre visible sur cette photo est-il un opposant ou un partisan de la Révolution ?

4 Le coup d'État du 18 brumaire

- Sur la chronologie de l'atlas page 11, trouve en quelle année ce coup d'État a eu lieu.
- Que sais-tu de Napoléon Bonaparte ?

Le Directoire (1795-1799)

En 1795, une nouvelle constitution fut adoptée, qui confiait le pouvoir à cinq « directeurs »: le Directoire (chronologie page 11 de l'atlas).

Celui-ci se heurta à l'opposition violente des Jacobins (les anciens Montagnards) et des royalistes. Il dut également faire face à de graves difficultés financières, car les assignats n'avaient plus aucune valeur.

Le coup d'État du 18 brumaire

Napoléon Bonaparte, un jeune et ambitieux général qui avait remporté de grandes batailles en Italie, décida de rétablir l'ordre par la force.

Le 9 novembre 1799 (le 18 brumaire selon le calendrier révolutionnaire), il organisa un coup d'État (doc. 4), prit le pouvoir qu'il partagea avec deux consuls et se fit nommer Premier consul: ce nouveau régime politique fut appelé le Consulat.

Napoléon Bonaparte voulait unir les Français, divisés par la Révolution, et mettre fin aux désordres tout en achevant l'œuvre révolutionnaire.

LEXIQUE

un coup d'État: la prise du pouvoir par la force.

guillotiner: exécuter à l'aide d'une guillotine (en coupant la tête).

les royalistes: les partisans du roi, ceux qui souhaitent son retour.

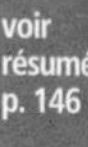

voir résumé p. 146

5. La vie quotidienne sous la Révolution

Durant la Révolution, la vie quotidienne des Français, surtout celle des Parisiens, fut profondément bouleversée et transformée.

1 De nouvelles habitudes sociales

Les gens du peuple étaient de farouches partisans de la Révolution. Ils se voulaient très simples: ils s'appelaient « citoyen » et « citoyenne » (au lieu de s'appeler « Monsieur » et « Madame ») et se tutoyaient.

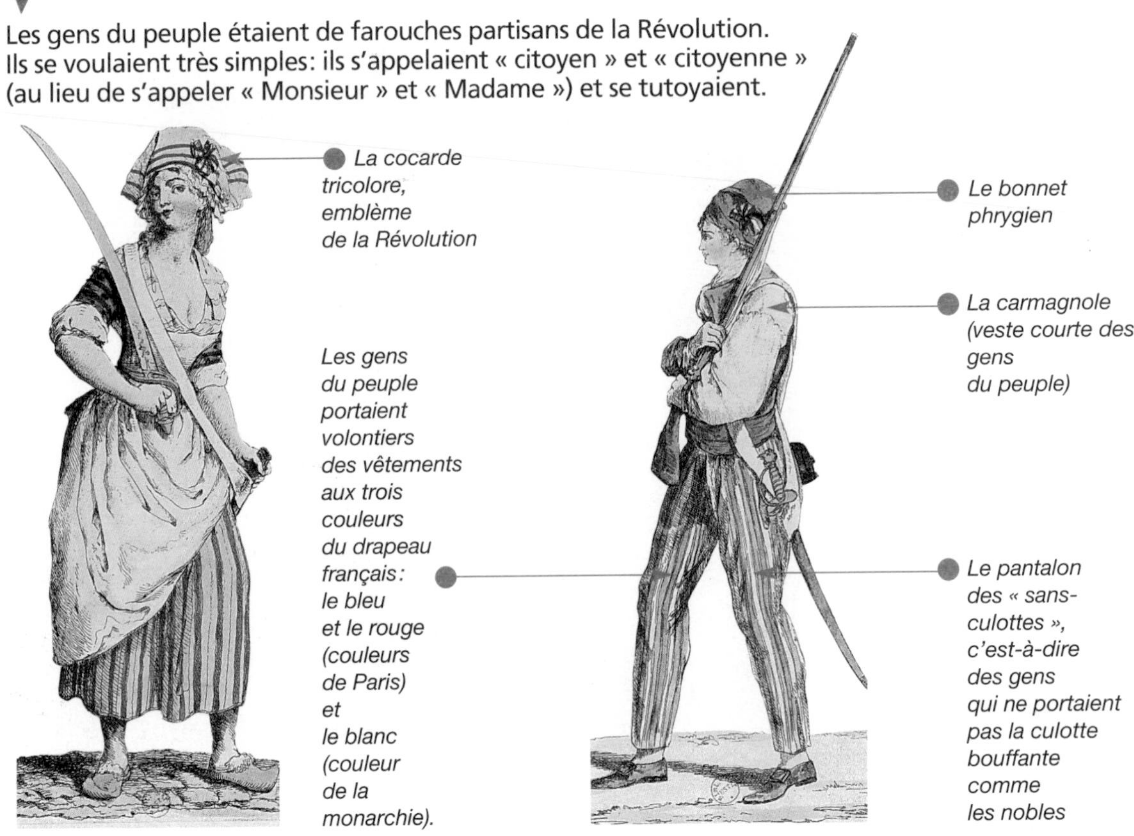

- **Pourquoi les gens du peuple étaient-ils appelés les « sans-culottes » ?**
- **Pourquoi ces personnes portent-elles des armes ?**

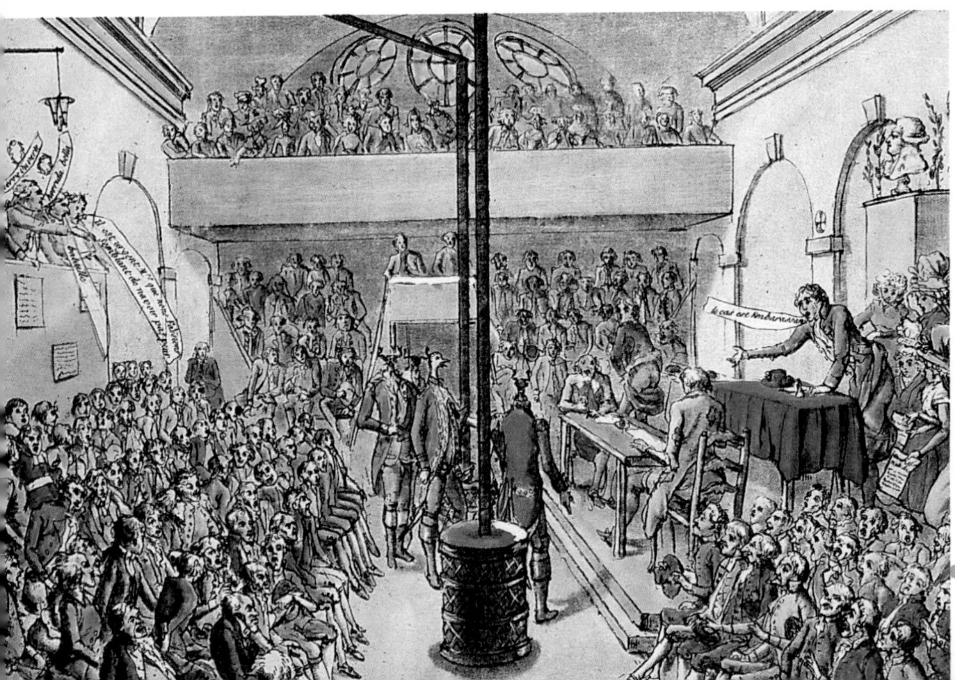

2 Les clubs révolutionnaires

Les députés et les citoyens aisés favorables à la Révolution se rencontraient et discutaient dans des clubs comme le club des Jacobins et le club des Cordeliers.

- **Pourquoi les discussions étaient-elles importantes sous la Révolution ?**

…uis le véritable père Duchesne, foutre !

LA GRANDE JOIE
DU
…ERE DUCHESNE,

…oir que la convention donne le coup de …ce aux accapareurs, aux affameurs du …ple, aux muscadins et muscadines. Sa …nde colère de ce que les grands intrigans …es gros fripons sont épargnés. Ses bons avis …braves montagnards pour qu'ils fassent …rer suspects tous les jean-foutres qui …ent les amis de Brissot, et qui taupoient …s le fédéralisme avant le 31 mai,

3 Les journaux

Les journaux se multiplièrent et contribuèrent à la diffusion des idées révolutionnaires.

- **Ce journal est-il favorable ou opposé à la Révolution ?**

A U T O M N E

Mois de l'ère Vulgaire	VENDÉMIAIRE 1er Mois.			Mois de l'ère Vulgaire	BRUMAIRE. 2me Mois.			Mois de l'ère Vulgaire	FRIMAIRE. 3me Mois.		
Année 1794.	N.L. le 3. P.Q. le 11. P.L. le 18. D.Q. le 24.			Année 1794.	N.L. le 2. P.Q. le 10. P.L. le 17. D.Q. le 24			Année 1794.	N.L. le 2. P.Q. le 10. P.L. le 16. D.Q. le 24		
	Ire Décade.				Ire Décade.				Ire Décade.		
22	Primedi.	1	Raisin.	22	Primedi.	1	Pomme.	21	Primedi	1	Raiponce.
23	Duodi.	2	Safran.	23	Duodi.	2	Céleri.	22	Duodi.	2	Turneps.
24	Tridi.	3	Chataignes.	24	Tridi.	3	Poire.	23	Tridi.	3	Chicorée.
25	Quartidi.	4	Colchique.	25	Quartidi	4	Betterave.	24	Quartidi	4	Nefle.
26	Quintidi	5	Cheval.	26	Quintidi	5	Oye.	25	Quintidi	5	Cochon.
27	Sextidi.	6	Balsamine.	27	Sextidi.	6	Héliotrope.	26	Sextidi.	6	Mâche.
28	Septidi.	7	Carottes.	28	Septidi.	7	Figue.	27	Septidi.	7	Chou-fleur.
29	Octidi.	8	Amaranthe	29	Octidi.	8	Scorsonnère	28	Octidi.	8	Miel.
30	Nonidi.	9	Panais.	30	Nonidi.	9	Alisier.	29	Nonidi.	9	Genièvre.
1	Décadi.	10	CUVE.	31	Décadi.	10	CHARRUE.	30	Décadi.	10	PIOCHE.
	2me Décade.				2me Décade.				2me Décade.		
2	Primedi	11	Pomme de terre	1	Primedi	11	Salsifis.	1	Primedi	11	Cire.
3	Duodi.	12	Immortelle.	2	Duodi.	12	Mâcre.	2	Duodi.	12	Raifort.
4	Tridi.	13	Potiron.	3	Tridi.	13	Topinambour.	3	Tridi.	13	Cèdre.
5	Quartidi	14	Réséda.	4	Quartidi	14	Endive.	4	Quartidi	14	Sapin.
6	Quintidi	15	Ane.	5	Quintidi	15	Dindon.	5	Quintidi	15	Chevreuil.
7	Sextidi.	16	Belle de nuit	6	Sextidi.	16	Chervi.	6	Sextidi.	16	Ajonc.
8	Septidi.	17	Citrouille.	7	Septidi.	17	Cresson.	7	Septidi.	17	Cyprès.
9	Octidi.	18	Sarrasin.	8	Octidi.	18	Dentelaire.	8	Octidi.	18	Lierre.
10	Nonidi.	19	Tournesol.	9	Nonidi.	19	Grenade.	9	Nonidi.	19	Sabine.

SEPTEMBRE. — A l'Être Suprême et à la Nature. — Au Genre Humain. — OCTOBRE. — Aux Bienfaiteurs de l'Humanité. — Aux Martyrs de la Liberté. — NOVEMBRE. — A la République. — A la Liberté du Monde.

4 Un nouveau calendrier

En octobre 1793, la Convention adopta un nouveau calendrier : le calendrier républicain. L'an I de l'ère républicaine correspondait au 21 septembre 1792, date de la proclamation de la République.
La semaine faisait place à la décade de 10 jours et le dimanche au décadi. Les fêtes religieuses furent remplacées par des fêtes révolutionnaires, comme le 14 juillet ou le 21 septembre.

- **Que célébrait-on le 14 juillet ? le 21 septembre ?**
- **Comment s'appelaient les mois d'automne ?**
- **Comment s'appelaient les jours de la semaine ?**
- **Si nous utilisions encore le calendrier révolutionnaire, quelle serait la date d'aujourd'hui ?**

5 Des loisirs révolutionnaires

Même dans le domaine des jeux, l'influence révolutionnaire se fit sentir.

- **Qui est représenté sur cette carte ?**
- **Quel personnage habituel des jeux de cartes remplace-t-il ?**

voir résumé p. 146

6. Le Consulat puis l'Empire (1799-1815)

1 Le sacre de Napoléon (2 décembre 1804)

Le pape

La femme de Napoléon, l'impératrice Joséphine, porte un manteau rouge, symbole du pouvoir impérial.

Napoléon, prenant la couronne des mains du pape, se couronna lui-même puis couronna sa femme.

■ Le Consulat (1799-1804)

Bonaparte accapara le pouvoir aux dépens des deux autres consuls et devint le maître absolu de la France: il disposait seul du pouvoir exécutif (il contrôlait l'administration) et judiciaire (il nommait les juges). Les assemblées n'avaient pas de pouvoir réel.

Bonaparte rétablit l'ordre à l'intérieur du pays en mettant fin aux insurrections dans l'ouest de la France (carte 17 de l'atlas). Il renoua de bonnes relations avec les catholiques en signant un concordat avec le pape. Très populaire, il se fit nommer consul à vie par plébiscite.

■ L'Empire (1804-1814)

Le 2 décembre 1804, comme Charlemagne l'avait fait 1000 ans auparavant, Napoléon Bonaparte se fit sacrer empereur sous le nom de Napoléon Ier, en présence du pape (doc. 1 et chronologie page 11 de l'atlas).

Durant son règne, il organisa l'administration française, créa des universités et des lycées, favorisa l'essor de l'industrie et encouragea les grands travaux de construction.

Au début, il poursuivit et renforça l'œuvre de la Révolution française. Mais progressivement, il prit de plus en plus de pouvoir, supprima les libertés, renforça le rôle de la police, fit surveiller les journaux et créa une noblesse impériale: son régime se caractérisa bientôt par un retour aux habitudes de la monarchie absolue.

■ Le grand empire napoléonien

Napoléon souhaitait créer un vaste empire, et y porter les idées de la Révolution, ce qui inquiétait les pays voisins. La Grande-

3 Discours de Napoléon

Soldats, je suis content de vous. Une armée de cent mille hommes, commandée par les empereurs de Russie et d'Autriche, a été dispersée en moins de quatre heures. Quarante drapeaux, les étendards de la garde impériale de Russie, 120 pièces de canon, 20 généraux, plus de 30 000 prisonniers sont le résultat de cette journée à jamais célèbre. Cette armée tant vantée et en nombre supérieur n'a pu résister à votre choc, et désormais vous n'avez plus de rivaux à redouter. Je vous ramènerai en France et il suffira de dire : j'étais à la bataille d'Austerlitz, pour qu'on réponde : voilà un brave.

D'après les Bulletins de la Grande Armée, 2 décembre 1805.

- **Sur la carte 17 de l'atlas, situe Austerlitz.**
- **Quelles ont été les autres victoires de la France sous Napoléon ?**

2 La Légion d'honneur

Napoléon (reconnaissable ici à son bicorne) créa la Légion d'honneur pour récompenser ceux qui soutenaient le régime. De nos jours, cette récompense est décernée à ceux qui contribuent à la grandeur de la France, dans les grandes actions comme dans de plus modestes.

- **Compare les vêtements de l'époque impériale à ceux de la Révolution et de l'Ancien Régime.**

Bretagne, l'Autriche, la Prusse et la Russie s'allièrent donc contre la France.

De 1805 à 1809, les armées de Napoléon remportèrent de grandes victoires, à Austerlitz (1805), Iéna (1806), Friedland (1807), Wagram (1809) et étendirent le territoire de la France (doc. 3 et carte 18 de l'atlas).

La France prit le contrôle des régions conquises mais n'y appliqua pas l'idéal de liberté de la Révolution, ce qui provoqua des révoltes dans plusieurs pays.

■ La chute de l'Empire

A partir de 1812, les armées de Napoléon subirent d'importantes défaites, notamment en Russie où la Grande Armée battit en retraite subissant de lourdes défaites. Les guerres, très coûteuses, les défaites, humiliantes et l'augmentation des impôts rendirent le régime impopulaire.

En 1814, la France fut envahie par ses adversaires, qui contraignirent Napoléon Ier à abdiquer. Celui-ci fut exilé sur l'île d'Elbe, mais parvint à s'échapper. Soutenu par son armée, il reprit le pouvoir durant les « Cent Jours ».

Vaincu à Waterloo le 18 juin 1815, il fut définitivement exilé sur l'île de Sainte-Hélène. Le frère de Louis XVI, Louis XVIII, prit le pouvoir et restaura la monarchie.

LEXIQUE

abdiquer : pour un souverain, renoncer au pouvoir, quitter ses fonctions.

un concordat : un traité conclu entre le pape et un État pour régler des questions religieuses concernant les catholiques.

exiler : envoyer de force dans un pays étranger.

un plébiscite : un vote demandé par un homme politique pour prouver qu'il a le soutien massif de la population.

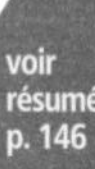
voir résumé p. 146

7. Une ère de changements

De 1789 à 1815, la Révolution, le Consulat puis l'Empire ont mis fin à la civilisation de l'Ancien Régime et profondément transformé la France : le régime politique, la société, l'organisation administrative…

1 La nouvelle organisation administrative

La France fut divisée en 83 départements, divisés à leur tour en cantons et en communes. Toutes les régions de France furent soumises aux mêmes lois et aux mêmes règlements.

- **Combien y avait-il de régions et de départements en France sous la Révolution ?**
- **Comment s'appelait la région dans laquelle se trouve l'endroit où tu habites ?**
- **Compare les frontières de la France de 1790 à celles d'aujourd'hui : quelles sont les ressemblances et les différences ?**

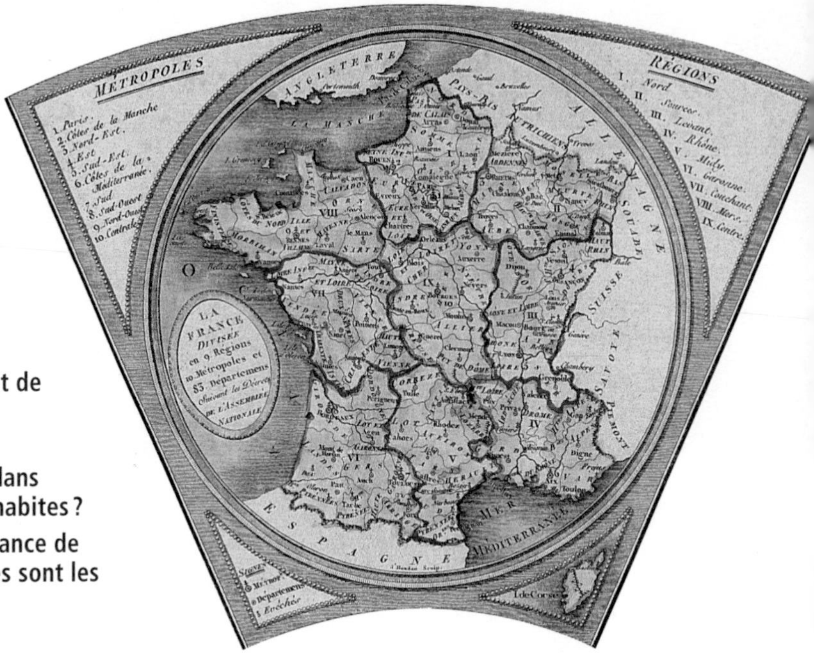

2 Un État laïc

La Révolution proclama la laïcité de l'État français : celui-ci était séparé de toute religion et ne soutenait aucune Église. Désormais, les mariages, les naissances et les décès devaient être enregistrés dans les mairies et non plus dans les églises, et le divorce fut admis.

Le bonnet phrygien surmonte la Déclaration des droits de l'homme, affichée au mur.

L'époux porte la culotte, comme les nobles.

Les témoins pourront prouver que le mariage a bien eu lieu.

Le maire fait prêter serment aux époux.

La mariée est habillée de blanc.

Le greffier rédige l'acte de mariage.

3 Le code civil

Sous le Consulat, Bonaparte fit rédiger un code rassemblant toutes les lois, applicables à l'ensemble du territoire français. Les principes de 1789 étaient reconnus (libertés, égalité des citoyens...). Depuis cette époque, le code civil a été transformé mais est toujours en vigueur.

Les lois ne peuvent être obligatoires si elles sont inconnues, c'est pourquoi nous nous sommes occupés de les rassembler et de les publier. Nous avons déterminé les différents effets des lois. Elles permettent ou elles défendent; elles ordonnent, elles corrigent, elles punissent ou elles récompensent. Elles sont obligatoires pour tous ceux qui vivent dans notre pays; les étrangers même, durant tout le temps qu'ils sont dans le pays, doivent obéir à la loi. Ce qui n'est pas contraire à la loi est permis. Mais ce qui est conforme à la loi n'est pas toujours honnête, car les lois s'occupent plus du bien de la société que de la perfection morale de l'homme.

D'après Portalis, discours de présentation du code civil à l'Assemblée nationale, 1804.

- **Explique la dernière phrase de ce texte.**
- **Pourquoi était-il important que les lois soient partout les mêmes en France ?**
- **Pourquoi dans le code civil est-il écrit que « nul n'est censé ignorer la loi » ?**

4 L'éducation

Les Révolutionnaires voulaient renforcer le sentiment national et unifier le pays en remplaçant les différentes langues régionales par le français. L'école devait être un moyen d'atteindre cet objectif. De nombreuses écoles furent créées, en particulier des grandes écoles pour l'enseignement supérieur, comme le Conservatoire national des arts et métiers. Sous le Consulat puis l'Empire, des lycées furent créés, ainsi qu'une université impériale chargée de former des fonctionnaires dévoués à l'Empire.

- **Décris la tenue portée par les élèves des lycées de Napoléon.**
- **Pourquoi était-il important de renforcer le sentiment national ?**
- **Pourquoi était-il important de diffuser l'usage du français ?**
- **En quoi l'école était-elle un moyen de diffuser le français ?**

5 Les nouvelles mesures

Sous l'Ancien Régime, les mesures de longueur, de poids et de capacité étaient différentes d'une province à l'autre, ce qui rendait les échanges difficiles. En 1793, la Convention adopta le « système métrique » (système de mesure ayant le mètre pour référence) avec de nouvelles mesures communes à tous, toujours utilisées de nos jours.

- **Que font ces différents personnages ?**
- **Quelles mesures ont été créées ?**

1. le Litre (Pour la Pinte)	4. l'Are (Pour la Toise)
2. le Gramme (Pour la Livre)	5. le Franc (Pour une Livre Tournois)
3. le Mètre (Pour l'Aune)	6. le Stere (Pour la Demie Voie de Bois)

voir résumé p. 146

Exercice

Fais des recherches sur *La Marseillaise*:

1. Par qui a-t-elle été écrite?

2. Quand et pour quelle occasion?

3. D'où lui vient son nom de « Marseillaise »?

4. A quelle occasion est-elle encore chantée de nos jours?

Allons enfants de la patrie
Le jour de gloire est arrivé
Contre nous de la tyrannie
L'étendard sanglant est levé.
Entendez-vous dans les campagnes
mugir ces féroces soldats?
Ils viennent jusque dans nos bras
égorger nos filles et nos compagnes.
Aux armes citoyens!
Formez vos bataillons!
Marchons marchons qu'un sang impur
Abreuve nos sillons.

Rouget de Lisle.

Résumés

La Révolution puis l'Empire

Les monnaies, sources de l'histoire

La fin de l'absolutisme

L'étude des monnaies fournit de précieux renseignements sur le passé. Elle montre qu'à la fin du XVIIIe siècle et au début du XIXe, la France est devenue une république puis un empire.

La Révolution de 1789

En 1789, Louis XVI convoqua les états généraux. Le 14 juillet 1789, le peuple de Paris s'empara de la Bastille. Les députés du tiers état abolirent les privilèges et votèrent la Déclaration des droits de l'homme et du citoyen.

La monarchie constitutionnelle (1790-1792)

La constitution de 1791 instaura la monarchie constitutionnelle, mais Louis XVI n'accepta pas ces réformes. En 1792, il fut déposé puis emprisonné et la monarchie fut abolie.

La Convention puis le Directoire (1792-1799)

En 1793, Louis XVI fut décapité et Robespierre instaura la Terreur. Le Directoire mit fin à cette période. En 1799, Napoléon Bonaparte prit le pouvoir par un coup d'État.

La vie quotidienne sous la Révolution

Pendant la Révolution, la noblesse et le clergé perdirent leurs privilèges. Les sans-culottes participèrent activement à la vie politique. Les idées révolutionnaires se propagèrent par les clubs et les journaux.

Le Consulat puis l'Empire (1799-1815)

Napoléon Bonaparte se fit nommer consul puis sacrer empereur en 1804. Il réalisa d'importantes réformes mais gouverna de manière autoritaire. Par des guerres continuelles, il créa un vaste empire. En 1815, il fut exilé.

Une ère de changements

De 1789 à 1815, la Révolution puis l'Empire ont institué instauré un État laïc, mis en place du code civil, réformé l'école et créé le système métrique.

D'un régime à l'autre 1815-1870

Au cours du XIXe siècle, le régime républicain est plusieurs fois remis en question par des retours à la monarchie et à l'empire. Mais les Français sont profondément attachés aux principes de la Révolution. Le XIXe siècle s'annonce donc comme une période de bouleversements, aussi bien dans le domaine politique que dans le domaine économique.

Le boulevard des Italiens à Paris, au XIXe siècle.

- Décris l'habillement de ces personnes ?
- En quoi est-il différent de l'habillement à l'époque révolutionnaire ?

Les caricatures, sources de l'histoire

1. Vers la démocratie

Les caricatures sont des dessins qui présentent certaines personnes ou certaines situations de façon ridicule et exagérée.
Au XIXe siècle, les journaux les ont utilisées pour critiquer les régimes politiques successifs, contribuant ainsi au retour progressif à la démocratie.

1 Critiquer les souverains

Ce dessin représente le roi Louis-Philippe qui a dirigé la France de 1830 à 1848.

- **Sur la chronologie de l'atlas page 12, trouve les noms des rois qui ont régné à partir de la Restauration.**
- **A quoi le dessinateur compare-t-il Louis-Philippe ?**
- **La publication d'un tel dessin aurait-elle été possible au temps de la monarchie absolue et de Louis XVI ? Pourquoi ?**
- **Que peux-tu en déduire sur la royauté au XIXe siècle ?**

2 Contre le système électoral

Ce dessin se moquait du suffrage censitaire, système très complexe qui accordait le droit de vote à un petit nombre de personnes, en fonction de leurs richesses.

- **Qu'est-ce que le suffrage censitaire ?**
- **Qu'est-il écrit sur ces listes ?**
- **Qu'est-ce qui, sur ce dessin, montre que le système du suffrage censitaire était complexe ?**
- **A ton avis, quel système de suffrage le dessinateur revendiquait-il ?**
- **En quoi cette caricature montre-t-elle qu'il y a eu du progrès depuis la monarchie absolue de Louis XVI ?**

3 Pour la liberté de la presse

- Explique en quoi cette caricature condamne l'absence de liberté de la presse.
- A ton avis, que risquait l'auteur de cette caricature ?

Un juge est chargé de condamner le journaliste qui critique le gouvernement : il s'acquitte de sa tâche avec joie.

Le bourreau se prépare à exécuter un journaliste.

Un journaliste est amené devant le tribunal, bâillonné pour qu'il ne puisse pas parler et solidement tenu car il résiste.

4 L'ère des bourgeois (Daumier)

A partir de la Révolution française, profitant du déclin de la noblesse, les bourgeois ont occupé la première place dans la société et accaparé le pouvoir et l'argent, aux dépens du peuple.

- **Qui sont les personnages représentés sur cette caricature ? A quoi les reconnais-tu ?**
- **Qu'est-ce que le dessinateur a voulu montrer des relations entre les différentes parties de la société ?**

5 Le retour de la République

- Qui sont les personnes dans le bateau ?
- D'après son bonnet, que symbolise ce monstre sortant de l'eau ?
- Cette caricature a été faite en 1848 : à ton avis, qu'est-il arrivé à la monarchie à cette date ?
- A l'aide de la chronologie page 12, cite les régimes qui se sont succédé en France au XIXe siècle.
- A travers toutes les caricatures de cette double page, qu'as-tu appris sur la France du XIXe siècle ?
- En quoi les caricatures sont-elles des sources de l'histoire ?

voir résumé p. 158

2. Vers la démocratie (1815-187

1 La Constitution de 1815

Les Français sont égaux devant la loi. Ils contribuent indistinctement, dans la proportion de leur fortune, aux charges de l'État. Leur liberté individuelle est également garantie. Chacun choisit sa religion; cependant, la religion catholique est la religion de l'État. Les Français ont le droit de faire imprimer leurs opinions. La personne du Roi est inviolable et sacrée. Le Roi est le chef suprême de l'État. Le pouvoir législatif est partagé entre le Roi et les deux assemblées. Toute justice émane du Roi, qui nomme les juges.

Constitution de 1815

- **Quel a été le régime politique de la France à partir de 1814?**
- **Qui était le souverain? (aide-toi de la chronologie de l'atlas page 12)**
- **Quelle phrase de ce texte se rapporte à la liberté de la presse?**
- **Quelle phrase montre que le régime est une monarchie parlementaire et non une monarchie absolue?**
- **Quels acquis de la Révolution sont conservés? Lesquels sont perdus?**

2 La révolte de 1830 (tableau d'E. Delacroix, musée du Louvre)

- **D'après la chronologie de l'atlas page 12, quel roi a dû abdiquer en 1830 et qui lui a succédé?**

■ Une succession de régimes

En 1815, Louis XVIII ne rétablit pas la monarchie absolue mais instaura un régime de compromis entre les idées de l'Ancien Régime et les acquis de la Révolution (doc. 1). Il réaffirma l'autorité royale mais confia le pouvoir législatif à deux assemblées.

A sa mort, son frère Charles X, très conservateur, lui succéda. Il renforça le pouvoir royal, ce qui le rendit impopulaire. En 1830, la population parisienne se révolta et l'obligea à abdiquer (doc. 2).

Son cousin, Louis-Philippe, lui succéda et gouverna en s'appuyant sur la bourgeoisie. Mais des problèmes économiques plongèrent le peuple dans la misère et en 1848, Louis-Philippe dut abdiquer à son tour.

La deuxième République fut alors proclamée et les Français élirent Louis-Napoléon Bonaparte, neveu de Napoléon Ier, comme président de la République. Soutenu par une partie de la population, celui-ci organisa un coup d'État et se fit nommer empereur sous le nom de Napoléon III en 1852.

Sous le second Empire, Napoléon III exerça un pouvoir autoritaire (doc. 3). A partir de 1860, sous la pression de l'opposition, il concéda quelques réformes et gouverna de manière plus libérale.

Napoléon III porte du rouge, couleur impériale.

Chef des armées, il porte une épée et des décorations militaires.

Napoléon III remet un ordre écrit.

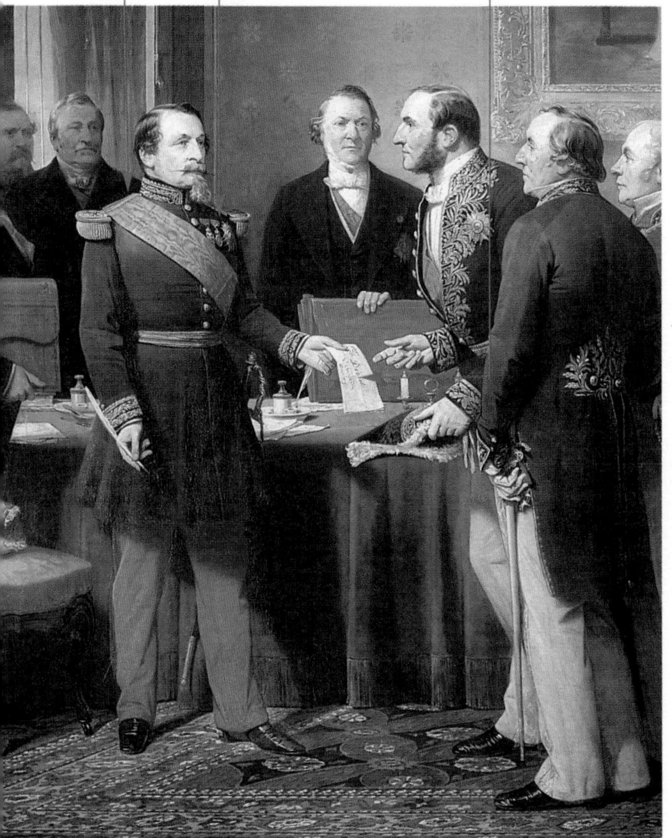

3 Napoléon III et ses ministres

- D'après la chronologie de l'atlas page 12, qu'est devenue la IIe République en 1852 ?
- Quelles sont les dates de règne de Napoléon III ?
- A quoi vois-tu que Napoléon III exerçait un pouvoir autoritaire ?

4 Le suffrage universel masculin en 1848

- Quelle est l'attitude de ceux qui vont voter ? Pourquoi ?
- Qui ne participait pas à ces élections ?
- D'après la chronologie de l'atlas page 12, qui a été élu président de la République à cette date ?

■ Les progrès de la démocratie

Tout au long du XIXe siècle, sous la pression du peuple, la démocratie continua de progresser. En 1848, le suffrage universel fut instauré pour les hommes (doc. 4). Les libertés individuelles progressèrent. L'esclavage fut supprimé dans les colonies et, en 1864, les ouvriers obtinrent le droit de faire grève.

En 1870, l'armée française fut vaincue par la Prusse et Napoléon III fut contraint d'abdiquer. En septembre 1870, le gouvernement proclama la République : depuis cette date, la France est restée une république.

LEXIQUE

conservateur: défenseur des institutions du passé (au XIXe siècle, les conservateurs souhaitaient un retour à la monarchie absolue).

dissoudre (une assemblée) : renvoyer (les députés).

libéral: favorable aux libertés individuelles.

la Restauration : le rétablissement de la monarchie en France de 1814 à 1830.

le suffrage universel: le système qui accorde le droit de vote à tous les citoyens.

voir résumé p. 158

3. La révolution industrielle

Le marteau-pilon actionné à l'aide de la vapeur a été inventé en 1840.

La mécanisation de la sidérurgie permet de forger d'énormes pièces de fer, destinées à la construction des immeubles, des gares, des locomotives…

Les ouvriers placent l'énorme pièce à forger sous le marteau-pilon mais n'ont pas à actionner manuellement ce dernier.

1 Les progrès de l'industrie sidérurgique

Les progrès techniques et l'essor de l'industrie

L'industrialisation de la France a commencé au XVIIIe siècle, mais les progrès techniques se sont accélérés au XIXe, provoquant une véritable « révolution industrielle », en Grande-Bretagne puis dans toute l'Europe.

L'invention du moteur à vapeur en 1769 permit de construire des machines puissantes (doc. 1): à partir de 1830 en France, de grandes usines se mirent en place dans le domaine du textile (avec les filatures mécaniques), de la métallurgie et de la sidérurgie.

Ces premières usines s'installèrent près des mines de charbon dans le Massif central et près des mines de fer dans le Nord et l'Est (carte 18 de l'atlas).

La révolution des transports

L'invention de la machine à vapeur et l'utilisation du charbon entraînèrent également une révolution des transports au XIXe siècle (doc. 3). La première ligne de chemin de fer relia Paris à Saint-Germain-en-Laye en 1836 et les voies se développèrent dans toute la France à partir du second Empire (carte 18 de l'atlas).

A leur tour, les bateaux s'équipèrent de machines à vapeur et gagnèrent de la vitesse, rendant plus faciles les longs trajets, comme la traversée de l'Atlantique.

Un peu partout, des gares et des ports furent construits ou agrandis. Le développement des transports favorisa la circulation des personnes et des marchandises, entraînant l'essor du commerce.

2 Le travail mécanisé dans une mine

Il fit quelques pas, attiré par la machine, dont il voyait maintenant luire les aciers et les cuivres. Elle se trouvait dans une salle plus haute et marchait à toute vapeur. Le machineur, debout à la barre de mise en train, écoutait les sonneries des signaux, ne quittait pas des yeux le tableau indicateur. A chaque départ, quand la machine se remettait en branle, les bobines, les deux immenses roues de cinq mètres de rayon, tournaient à une telle vitesse qu'elles n'étaient plus qu'une poussière grise. Une charpente de fer, pareille à la haute charpente d'un clocher, portait un fil énorme, qui pouvait lever jusqu'à 12 000 kilogrammes, avec une vitesse de dix mètres à la seconde.

D'après Émile Zola, Germinal*, 1885.*

- **Quelle énergie fait marcher cette machine ?**
- **Quels éléments du texte montrent sa puissance et son efficacité ?**

3 La révolution des transports

- **Comment les diligences avançaient-elles autrefois ?**
- **En quoi la machine à vapeur représente-t-elle un progrès ?**
- **Sur la carte 18 de l'atlas, situe les premières voies de chemin de fer.**

L'essor du capitalisme

Pour acheter des machines et mécaniser le travail, les premiers industriels durent réaliser des investissements importants. Pour disposer de l'argent nécessaire, ils se regroupèrent, mirent en commun leurs capitaux et créèrent de grandes entreprises.

Ils eurent également recours aux grandes banques d'affaires, comme la Société Générale et le Crédit Lyonnais, qui s'étaient spécialisées dans les crédits aux entreprises, leur permettant ainsi de s'agrandir et de se moderniser.

La révolution industrielle a considérablement enrichi la bourgeoisie, notamment quelques grandes familles d'industriels et de banquiers.

LEXIQUE

les capitaux: l'argent et les biens nécessaires pour constituer et faire fonctionner une entreprise.

un crédit: le prêt d'une somme d'argent.

une filature: une usine dans laquelle on transforme le coton ou la laine en fil pour le tissage.

l'industrie textile: l'industrie qui fabrique des tissus.

la métallurgie: l'industrie qui produit des métaux en faisant fondre des minerais.

la sidérurgie: l'industrie qui transforme le minerai de fer en fonte, en fer et en acier.

le travail mécanisé: le travail effectué à l'aide de machines.

voir résumé p. 158

4. La société française au XIXe siècle

1 Les paysans et la châtelaine

Les paysans, peu fortunés, habitaient des chaumières
peu confortables, constituées d'une pièce unique, avec un sol en terre battue. Les notables,

2 Les ouvriers d'une usine de coton

Il faut les voir arriver chaque matin en ville. Il y a, parmi eux, une multitude de femmes pâles, maigres, marchant pieds nus au milieu de la boue, et un nombre encore plus considérable de jeunes enfants, non moins sales, couverts de haillons. Ils portent à la main ou cachent sous leur veste comme ils le peuvent, le morceau de pain qui doit les nourrir jusqu'à l'heure de leur retour à la maison. Ainsi à la fatigue d'une journée démesurément longue puisqu'elle est au moins de quinze heures, s'ajoute celle de ces allers et retours si fréquents, si pénibles. Pour éviter de parcourir un chemin aussi long, ils s'entassent dans des chambres ou des pièces petites près de leur travail. Un mauvais et unique grabat pour toute la famille, un petit poêle qui sert à la cuisine comme au chauffage, une caisse ou grande boîte en guise d'armoire, deux ou trois chaises, un banc, quelques poteries composent le mobilier qui garnit la chambre.

D'après Villermé, Tableau de l'état physique et moral des ouvriers, *184*

Quels éléments de ce texte montrent:
– que les ouvriers sont pauvres?
– que les conditions de travail sont pénibles?
– que les conditions de vie sont difficiles?

La société rurale

Au début du XIXe siècle, la majorité des Français vivaient encore à la campagne.

La société rurale était partagée entre les notables (riches paysans, bourgeois, châtelains, curés…), qui menaient une vie relativement aisée, et les paysans (petits propriétaires, fermiers ou métayers), dont les conditions de vie étaient difficiles (doc. 1).

Ces derniers travaillaient durement et habitaient des chaumières peu confortables. Beaucoup utilisaient encore des outils rudimentaires comme la faux et la faucille, alors que, dans les grands domaines du Bassin parisien, on commençait à se servir de la moissonneuse et de la batteuse à vapeur.

Favorisé par le développement des transports, l'exode rural ne cessa de progresser au XIXe siècle: du fait de la croissance de la population, les terres devinrent insuffisantes pour que tous aient du travail et de nombreux paysans partirent s'installer en ville et travailler dans les usines.

Les ouvriers

Le développement de l'industrie entraîna l'augmentation du nombre des ouvriers.

Les hommes, mais aussi les femmes et les enfants, effectuaient un travail souvent pénible, jusqu'à 15 heures par jour, pour un maigre salaire, et vivaient dans des logements insalubres (doc. 2 et 3). Ce n'est qu'en

3 Les bourgeois et les ouvriers

Jusqu'au milieu du XIXe siècle, familles bourgeoises et ouvrières habitaient souvent dans les mêmes immeubles.

● **Compare les conditions de vie de ces différentes personnes.**

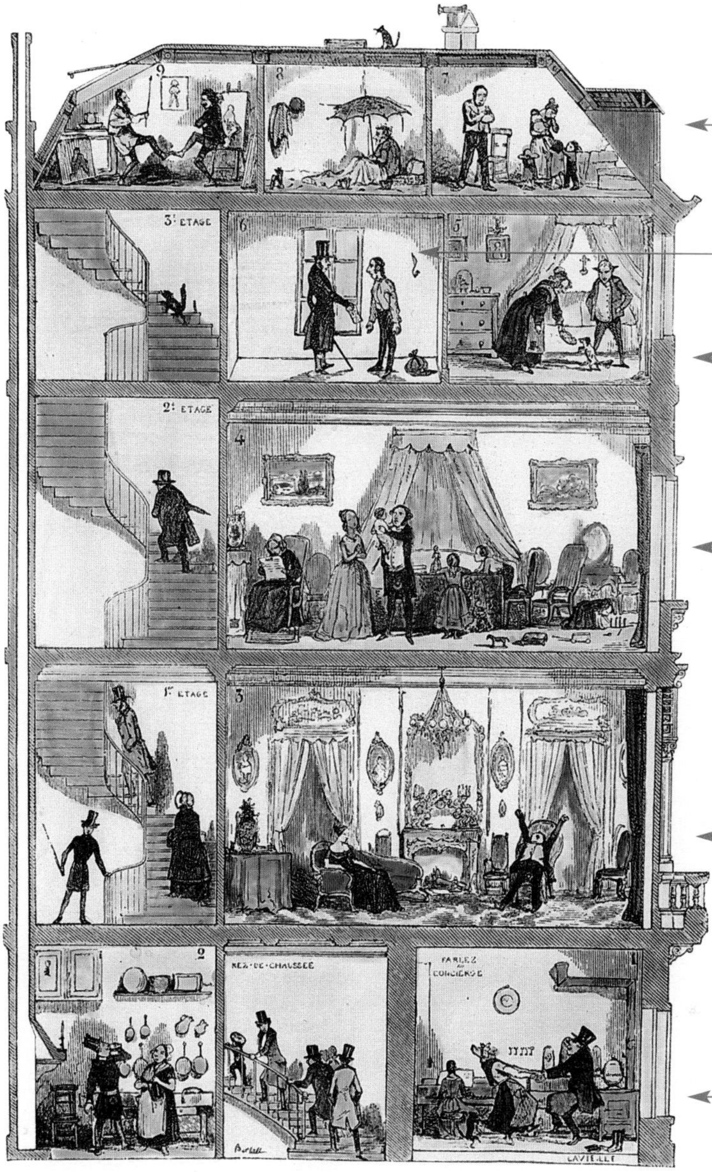

l'étage des ouvriers et des miséreux
le propriétaire réclamant son loyer
l'étage de la petite bourgeoisie
l'étage de la moyenne bourgeoisie
l'étage réservé à la grande bourgeoisie
les communs réservés aux domestiques de la grande bourgeoisie
le logement de la concierge
3e ETAGE
2e ETAGE
1er ETAGE
REZ-DE-CHAUSSEE
PARLEZ AU CONCIERGE

1841 qu'une loi interdit le travail des enfants de moins de huit ans dans les mines!

Poussés par le chômage et la misère, les ouvriers se révoltèrent à plusieurs reprises, parfois de manière violente. Peu à peu, ils s'organisèrent pour réclamer des salaires plus justes et de meilleures conditions de vie et de travail. Sous le second Empire, quelques mesures comme le droit de grève (1864) améliorèrent leur sort.

■ La bourgeoisie

La prospérité économique du XIXe siècle profita peu aux ouvriers mais enrichit fortement la bourgeoisie (doc. 3). La disparition de la noblesse lui laissa le champ libre dans la vie politique, à laquelle elle prit une part importante.

La grande bourgeoisie d'affaires, constituée des familles de banquiers, d'industriels et d'hommes d'affaires, menait une existence luxueuse. La moyenne et la petite bourgeoisie (fonctionnaires, employés de banque ou de chemin de fer, avocats, médecins) vivaient plus simplement.

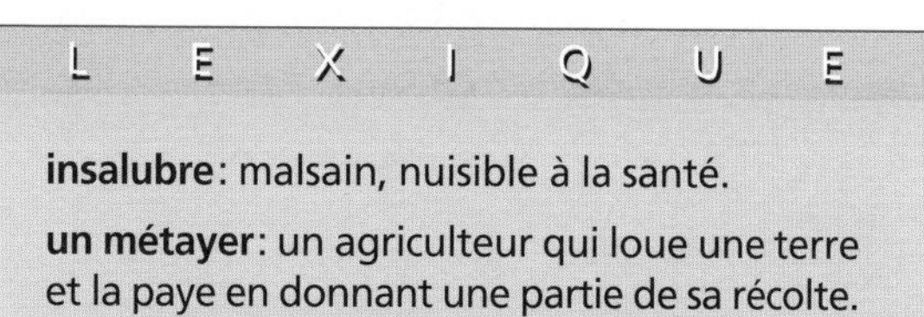

LEXIQUE

insalubre: malsain, nuisible à la santé.

un métayer: un agriculteur qui loue une terre et la paye en donnant une partie de sa récolte.

un notable: une personne qui a une position importante dans la société.

voir résumé p. 158

5. Paris sous le Second Empire

Au cours du second Empire, en raison de la prospérité économique que connut la France, Paris se transforma en une véritable capitale moderne.

1 Avant les grands travaux

Au milieu du XIXe siècle, Paris ressemblait encore beaucoup à une ville du Moyen Age, avec ses ruelles très étroites, ses vieilles maisons insalubres, son éclairage quasi inexistant la nuit, l'absence d'égouts (les eaux usagées étaient jetées sur les pavés).

- **Quelle est la nature de ce document ?**
- **Que peux-tu en déduire sur les progrès techniques au XIXe siècle ?**

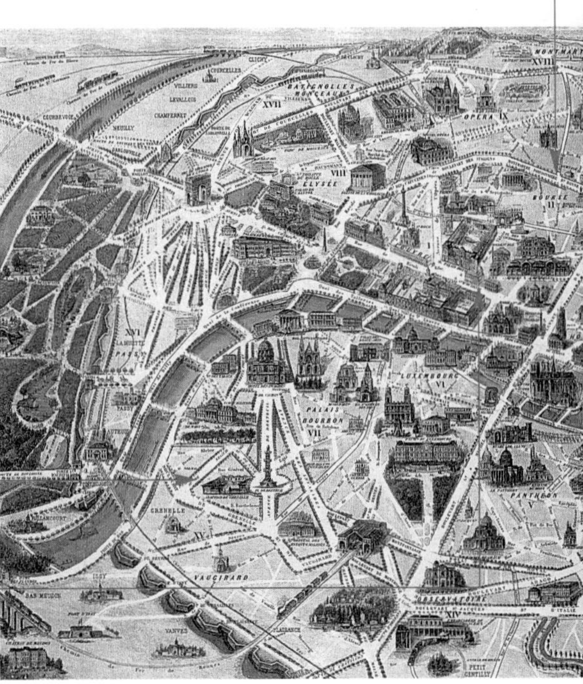

2 De grands travaux

Sous le second Empire, Napoléon III chargea le baron Haussmann de faire de Paris une ville moderne. Celui-ci transforma la capitale en véritable chantier de démolition et de construction, creusant de grands boulevards rectilignes et larges, avec des trottoirs pour les passants.

- **Pourquoi était-il nécessaire de démolir certaines maisons ?**
- **A quoi vois-tu que les Parisiens ont continué à vivre dans cet immense chantier ?**
- **Compare le plan de Paris à un plan actuel : que remarques-tu ?**

3 Une ville plus moderne

La vie matérielle fut améliorée par de nouveaux moyens de transport (omnibus, bateaux-mouches), par un vaste réseau de canalisations (apport d'eau et de gaz dans les maisons, évacuation des eaux sales vers les égouts) et par l'éclairage des rues au moyen de becs de gaz.

● **Compare cette rue à celle du milieu du XIXe siècle.**

4 Des espaces verts

Des espaces verts furent créés, comme le bois de Vincennes et le bois de Boulogne. Rendez-vous des élégantes, ils étaient considérés comme les plus belles promenades d'Europe.

5 Les grands magasins

Sous le second Empire, les premiers grands magasins ont été créés, comme le Bon Marché et le Printemps. A la différence des petites boutiques, les clients y trouvaient un choix important d'articles et devaient se servir eux-mêmes. Ces grands magasins ainsi que les nombreux spectacles donnés dans la capitale contribuaient à attirer les provinciaux et les étrangers à Paris.

● **Quel est l'avantage des grands magasins par rapport aux petites boutiques ?**

voir résumé p. 158

Exercice

Recopie la chronologie ci-dessous et complète-la en plaçant les informations suivantes :

- la IIe République
- le règne de Louis-Philippe
- le règne de Napoléon III
- le règne de Louis XVIII
- le suffrage universel masculin
- les premières usines textiles en France
- le droit de grève

1815 1820 1830 1840 1850 1860 1870

Résumés

D'un régime à l'autre (1815-1870)

Les caricatures, sources de l'histoire

Vers la démocratie

Tout au long du XIXe siècle, les journaux firent paraître des caricatures qui critiquaient les hommes politiques, les régimes, l'absence de démocratie et le rôle joué par la bourgeoisie.

Vers la démocratie (1815-1870)

De 1815 à 1870, plusieurs régimes politiques se sont succédé : la monarchie constitutionnelle, la République puis l'empire. En 1870, la République a été définitivement instaurée en France.

La révolution industrielle

Au XIXe siècle, l'invention de la machine à vapeur permit la mécanisation du travail dans l'industrie textile et la métallurgie et le développement du chemin de fer. Cette révolution industrielle entraîna la création de grandes entreprises.

La société française au XIXe siècle

Au XIXe siècle, la société rurale vivait encore pauvrement. L'exode rural était important. Dans les villes, les ouvriers travaillaient dans des conditions pénibles, pour de maigres salaires.

Paris sous le Second Empire

Au XIXe siècle, Paris est devenu une grande et belle ville, grâce à l'élargissement des rues, au développement des transports, aux travaux de canalisations et d'éclairage.

Les débuts de la IIIe République 13

1870-1914

Après quatre-vingts années marquées par de nombreux changements de régime (de la Révolution française en 1789 à la chute du second Empire en 1870), la France opte pour la République. Celle-ci se donne pour tâche de consolider les acquis de la Révolution de 1789 et de la révolution industrielle.

● Explique la phrase qui est écrite sur ce tableau.

L'art et la littérature, sources de l'histoire

1. Une époque de mutations

De 1870 à 1914, l'architecture, la peinture et la littérature ont développé de nouveaux styles, créant ainsi une grande diversité artistique. Ces innovations témoignent de l'évolution des idées et des techniques et montrent que la fin du XIXe et le début du XXe siècle constituent une époque de mutations.

1 La construction de la tour Eiffel à Paris

Conçue par Gustave Eiffel, cette tour a été construite pour l'Exposition universelle de 1889. Durant les deux années de travaux, de nombreuses personnes protestèrent contre ce projet qui leur paraissait trop ambitieux, laid et peu prudent: certains craignaient que la tour s'effondre sur le quartier !

- **Qu'est-ce que la construction de la tour Eiffel nous apprend sur les progrès de la métallurgie au XIXe siècle ?**
- **En quoi la tour Eiffel témoigne-t-elle d'une évolution de l'architecture à la fin du XIXe siècle ?**

2 La littérature, témoin de son époque

Autrefois, on voyageait (en Inde) par tous les antiques moyens de transport, à pied, à cheval, en charrette, en brouette, en palanquin, à dos d'homme, etc.
Maintenant, des bateaux à vapeur parcourent à grande vitesse l'Indus, le Gange, et un chemin de fer, qui traverse l'Inde dans toute sa largeur, met Bombay à trois jours seulement de Calcutta.

D'après Jules Verne, Le Tour du monde en 80 jours, *1873.*

Quand la danse fut finie, le parquet resta libre pour les groupes d'hommes causant debout et les domestiques en livrée qui apportaient de grands plateaux. Sur la ligne des femmes assises, les éventails peints s'agitaient, les bouquets cachaient à demi le sourire des visages, et les flacons à bouchons d'or tournaient dans des mains entrouvertes. Les garnitures de dentelles, les broches de diamants, les bracelets à médaillon frissonnaient aux corsages, scintillaient aux poitrines, bruissaient sur les bras nus.

D'après Gustave Flaubert, Madame Bovary, *1857.*

Le premier hiver, ils firent encore du feu quelquefois, se pelotonnant autour du poêle, aimant mieux avoir chaud que de manger; le second hiver, le poêle ne fut jamais utilisé. Le propriétaire avait toujours le mot d'expulsion à la bouche, pendant que la neige tombait dehors, comme si elle préparait aux locataires un lit sur le trottoir, avec ses draps blancs.
Ce coin de la maison était le coin des pouilleux, où trois ou quatre ménages semblaient s'être donné le mot pour ne pas avoir du pain tous les jours. Les portes avaient beau s'ouvrir, elles ne lâchaient guère souvent des odeurs de cuisine. Le long du corridor, il y avait un silence et les murs sonnaient creux, comme des ventres vides.

D'après Émile Zola, L'Assommoir, *1877.*

- **Qu'est-ce que ces textes t'apprennent sur les progrès des transports et les inégalités sociales de cette époque ?**
- **Quels autres auteurs du XIXe siècle ou du début du XXe siècle connais-tu ?**

3 De nouveaux styles de peinture

◀ Ce tableau de Claude Monet s'intitule *Impression, soleil levant*. Il a donné son nom à un mouvement de peinture : apparu dans les années 1870, l'impressionnisme optait pour une peinture moins réaliste (c'est-à-dire moins proche de la réalité) et privilégiait la lumière, les sensations et la spontanéité.

- **Quelles impressions ce tableau évoque-t-il en toi ?**
- **En quoi est-il peu réaliste ?**
- **Pourquoi appelle-t-on ce mouvement l'impressionnisme ?**

▶ S'éloignant de plus en plus de l'art classique, les peintres de la fin du XIXe siècle ont utilisé des couleurs toujours plus vives et tracé des dessins de moins en moins réalistes, pour mettre en valeur un mouvement, un vêtement, une atmosphère… Des artistes comme Vincent Van Gogh ont progressivement développé leur propre style.

- **A ton avis, pourquoi Van Gogh a-t-il accentué les courbes sur son tableau : quelle impression a-t-il voulu donner ?**

◀ Au début du XXe siècle, des peintres comme Picasso développèrent un nouveau style : le cubisme. Loin du réalisme d'autrefois, ils remplaçaient les formes qu'ils voyaient par des volumes géométriques.

- **A quoi vois-tu que ce tableau de Picasso est un portrait ?**
- **Quelles différences y a-t-il entre un portrait classique et celui-ci ?**

voir résumé p. 172

2. La IIIe République

1 La Commune

- Sur la chronologie de la page 13, trouve la date de la Commune.
- Quel était le slogan des « communards » ?
- Compare ce tableau à celui de la page 150 : que remarques-tu ?

2 Le projet républicain

Nous, les républicains radicaux, nous voulons la République pour ses conséquences : les grandes et fécondes réformes qu'elle entraîne. Le but que nous proposons, c'est l'accomplissement de la grande rénovation de 1789, inaugurée par la bourgeoisie française et abandonnée par elle avant son achèvement ; c'est le rétablissement de la paix sociale par le seul développement de la justice et de la liberté : la paix républicaine.

D'après G. Clémenceau, 1876.

- Clémenceau était-il royaliste, bonapartiste ou républicain ?
- Que pensait-il de la Révolution française ?
- Que voulait-il de plus ?

La fondation de la République

Le 4 septembre 1870, la République fut proclamée. Mais humiliés par la défaite contre la Prusse (la France avait notamment perdu l'Alsace et la Lorraine) et en proie à la misère, les Parisiens se révoltèrent en 1871 : ce mouvement s'appelle la Commune (doc. 1). Le gouvernement envoya l'armée qui réprima brutalement cette révolte et exécuta 25000 « communards ».

En 1875, à l'initiative du républicain Gambetta, les députés adoptèrent une constitution qui instaura un régime parlementaire : la troisième République (doc. 2). Le pouvoir exécutif fut confié à un président et à un gouvernement, le pouvoir législatif à deux assemblées : la Chambre des députés et le Sénat.

L'œuvre de la IIIe République

Contestée par les monarchistes (qui souhaitaient restaurer la monarchie parlementaire) et les bonapartistes (qui voulaient restaurer l'Empire napoléonien), mais soutenue par la majorité des Français, la République s'ancra progressivement.

Les gouvernements successifs et les députés consolidèrent la République et la démocratie. De 1880 à 1885, Jules Ferry fit voter des lois garantissant les libertés fondamentales : liberté de réunion (liberté pour les individus de se regrouper), liberté de la presse (les journaux peuvent être librement publiés, quelles que soient leurs opinions), liberté syndicale (les travailleurs peuvent se grouper en syndicats pour défendre leurs droits). Il rendit l'enseignement laïc, gratuit et obligatoire (doc. 3).

La République a d'abord libéré le territoire: chaque Français lui a apporté son obole et tous les peuples de la terre lui ont apporté leur **crédit**.

La République nous a donné la paix réelle, car c'est la chambre de nos Députés et non plus un seul homme qui peut déclarer la guerre.

Son effort de prédilection s'est porté sur les lois d'éducation nationale, le budget des Écoles a été doublé, et l'instruction de tous assurée.

La République a fait arriver les Chemins de fer dans les pays qui ne les possédaient pas encore, et elle veut que leur réseau soit rapidement complété.

La liberté absolue de la Presse Républicaine a permis au plus humble village de connaitre la vérité exacte sur les actes du Gouvernement.

Jamais les affaires n'ont été plus florissantes, qu'il s'agisse de l'Agriculture, du Commerce ou de l'Industrie, grâce à l'absolue sécurité politique dont le pays jouit.

3 L'œuvre de la IIIe République

- **Explique en quoi chacune des actions de la IIIe République était importante.**

En 1905, le gouvernement renforça la laïcité de l'État français en votant la loi de séparation de l'Église et de l'État, qui garantit la liberté de culte à tous les citoyens: l'État ne soutenait plus aucune religion et ne rémunérait aucun clergé.

Les difficultés de la IIIe République

A plusieurs reprises, des opposants tentèrent de renverser la République en fomentant des troubles, en organisant des attentats, en préparant des coups d'État...

En 1894, les Français se divisèrent profondément à propos de l'affaire Dreyfus: le capitaine Dreyfus, officier juif accusé à tort d'espionnage, fut condamné à la déportation. Les partisans des droits de l'homme, de la République et de la tolérance religieuse défendirent Dreyfus contre les antirépublicains et les antisémites qui voulaient nier son innocence (voir page 172).

LEXIQUE

un antisémite: une personne raciste à l'égard des Juifs.

la déportation: l'exil d'un condamné.

laïc: qui est indépendant de toute religion.

un régime parlementaire: un régime politique dans lequel les assemblées ont plus de pouvoir que l'exécutif.

un syndicat: une association de travailleurs qui s'unissent pour défendre leurs droits.

la tolérance: le fait d'accepter que les autres pensent autrement que soi-même.

voir résumé p. 172

3. L'école de la République

Au cours du XIXe siècle, les gouvernements ont développé l'enseignement pour qu'un maximum d'enfants apprennent à lire et à écrire.
Mais c'est sous la IIIe République que la scolarisation a pris toute son ampleur.

1 Le projet de Jules Ferry

Entre toutes les nécessités du temps, entre tous les problèmes, j'en choisirai un auquel je consacrerai tout ce que j'ai d'âme, de cœur, de puissance physique et morale : c'est le problème de l'éducation du peuple. C'est une œuvre pacifique, c'est une œuvre généreuse, et je la définis ainsi : faire disparaître la dernière, la plus redoutable des inégalités qui viennent de la naissance, l'inégalité de l'éducation. L'inégalité d'éducation est, en effet, un des résultats les plus criants et les plus fâcheux, au point de vue social, du hasard de la naissance. Avec l'inégalité d'éducation, je vous défie d'avoir jamais l'égalité des droits, non l'égalité théorique, mais l'égalité réelle, et l'égalité des droits est pourtant le fond même et l'essence de la démocratie.

D'après un discours de Jules Ferry à l'Assemblée nationale, 10 avril 1870.

- **Quel était le projet de Jules Ferry ?**
- **A quoi vois-tu que Jules Ferry y était très attaché ?**
- **En quoi l'inégalité de l'éducation empêche-t-elle l'égalité des droits ?**
- **En 1833, en 1841 puis en 1892, des lois ont été votées pour interdire le travail des enfants : en quoi sont-elles favorables au développement de l'enseignement ?**

2 L'école gratuite, laïque et obligatoire

En 1881 et 1882, Jules Ferry fit voter des lois rendant l'école gratuite, laïque et obligatoire : gratuite pour que tous puissent y accéder (c'est donc l'État qui payait), laïque pour respecter les opinions religieuses de chacun, et obligatoire pour que tous les enfants aient la chance d'y aller.
A partir de 1881, toutes les communes durent avoir leurs écoles. Toutefois, des écoles « libres », tenues par des religieux, continuaient d'exister pour ceux qui le souhaitaient.

- **Pourquoi est-il important que l'école de la République soit laïque ?**
- **Pourquoi est-il important que l'école soit obligatoire ?**
- **Pourquoi l'école doit-elle être gratuite avant d'être obligatoire ?**

En général, les garçons et les filles fréquentaient des écoles séparées.

Les instituteurs n'étaient pas des religieux, mais des laïcs.

L'école et la mairie, les deux symboles de la République, étaient souvent voisines.

3 Des classes mieux équipées

- A quelle date cette photo a-t-elle été prise ?
- Qu'en déduis-tu ?
- Explique la morale écrite au tableau.
- Qu'est-ce que ce maître est en train d'apprendre à ses élèves ?
- D'après le matériel de cette classe, quelles matières étaient enseignées à l'école à la fin du XIXe siècle ?

LEXIQUE

laïc: indépendant de toute religion.

la patrie: le pays où l'on est né.

le patriotisme: l'amour que l'on porte à son pays, à sa patrie.

4 Former des patriotes

A l'enseignement historique incombe le devoir de faire aimer et de faire comprendre la patrie. Tout l'enseignement du devoir patriotique se réduit à ceci : expliquer que les hommes qui, depuis des siècles, vivent sur la terre de France, ont fait une certaine œuvre à laquelle chaque génération a travaillé ; qu'un lien nous rattache à ceux qui ont vécu, à ceux qui vivront sur cette terre. Enseignement moral et patriotique : c'est là que doit aboutir l'enseignement de l'histoire à l'école primaire. N'enseignons point l'histoire avec le calme qui sied à l'enseignement de la règle des participes. Si l'écolier n'emporte pas avec lui le vivant souvenir de nos gloires nationales, s'il ne sait pas que ses ancêtres ont combattu sur mille champs de bataille pour de nobles causes ; s'il n'a point appris ce qu'il a coûté de sang et d'efforts pour faire l'unité de notre patrie ; s'il ne devient pas un citoyen pénétré de ses devoirs, l'instituteur aura perdu son temps.

D'après Ernest Lavisse,
Questions d'enseignement national, *1885.*

- D'après cet auteur, quel était l'objectif de l'enseignement de l'histoire ?
- Pourquoi l'école était-elle le lieu privilégié pour développer le sentiment patriotique des Français ?
- Pourquoi des personnages historiques comme Vercingétorix et Jeanne d'Arc ont-ils été mis en valeur dans les cours d'histoire à la fin du XIXe siècle ?

voir résumé p. 172

4. Les progrès techniques (fin du XIXe- début du XXe siècle)

1 L'automobile

A la fin du XIXe siècle, en Europe, on fabriqua les premières automobiles qui fonctionnaient à la vapeur. En 1890, on découvrit comment utiliser l'essence comme carburant.

- **En quoi l'automobile représente-t-elle un progrès ?**

2 L'invention de l'électricité

Pour beaucoup d'usages industriels, la dynamo s'est déjà interposée entre le moteur à vapeur et les outils. Elle fait manœuvrer des treuils, des marteaux-pilons, des machines à visser, à perforer. L'électricité soude les métaux ; elle pousse les ponts roulants ; ici elle actionne des wagonnets, là elle fait tourner l'hélice d'un bateau. Je ne rappelle que pour mémoire ses applications : le téléphone, le phonographe, l'éclairage par ampoule.

D'après E.-M. de Vogüe, Revue des deux mondes*, 1889.*

- **Énumère les progrès entraînés par l'électricité.**

La deuxième révolution industrielle

Dans la seconde moitié du XIXe siècle, on découvrit comment utiliser le pétrole, comment fabriquer de l'électricité à partir de la vapeur (doc. 2) et comment la transporter, si bien que les usines purent s'éloigner des bassins houillers et s'installer à proximité des villes. A partir des années 1880, le développement de ces nouvelles formes d'énergie permit d'utiliser de plus en plus de machines, au point que l'on a parlé d'une deuxième révolution industrielle.

L'amélioration des transports

Ces nouvelles énergies permirent aussi le développement des transports. Les chemins de fer gagnèrent en vitesse. L'invention du moteur à essence en 1885 permit de fabriquer les premières automobiles (doc. 1). Clément Ader en 1890 (doc. 3) et les frères Wright en 1903 mirent au point les premiers avions. A Paris, le Métropolitain (le « métro ») construit en 1900 marchait à l'électricité.

Les images et les sons

L'électricité permit des innovations importantes : le téléphone en 1877 (doc. 6), le phonographe en 1878, l'ampoule électrique en 1879 (inventée par Thomas Edison), le cinématographe en 1895 (doc. 4)…

En 1890, la radio (alors appelée TSF ou télégraphie sans fil) permit la première liaison avec l'Amérique. Toutes ces inventions facilitèrent la communication entre les différentes régions du monde.

La médecine et la science

Les progrès médicaux et scientifiques furent également considérables. En 1881, Louis Pasteur découvrit que les maladies étaient dues à des microbes et, en 1885, il établit les principes de la vaccination contre la rage (doc. 5). En 1898, Marie et Pierre Curie découvrirent la radioactivité (doc. 7), qui devint par la suite une importante source d'énergie.

3 L'avion de Clément Ader

En 1890, Clément Ader parcourut 300 mètres à bord du premier avion, avant de toucher à nouveau le sol. Après lui, des aviateurs réalisèrent de véritables exploits, comme de traverser la Manche (1909) puis l'Atlantique (1927).

- **Quelles sont les différences et les ressemblances entre cet avion et les avions modernes ?**

4 Le cinématographe

La photographie a été mise au point en 1839.
En 1895, grâce à l'électricité,
les frères Lumière fabriquèrent un appareil capable de projeter plusieurs photos à la seconde, de façon à donner l'impression d'un mouvement : le cinématographe était inventé.

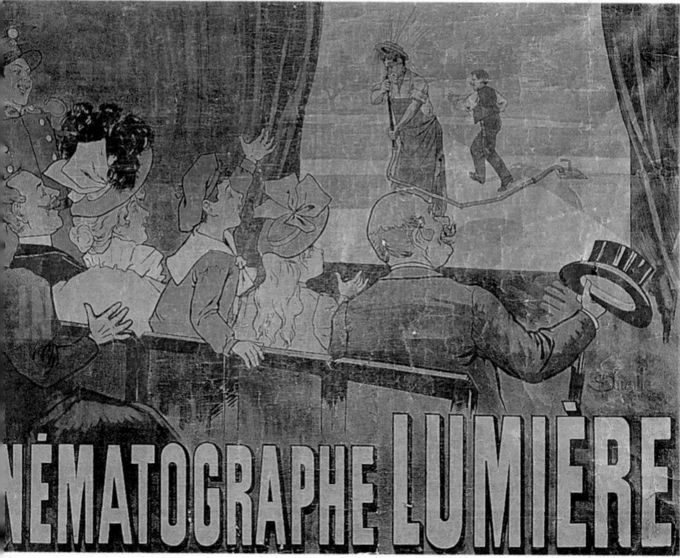

5 Pasteur

Prenons 40 poules. Inoculons-en 20 avec un virus très virulent. Les 20 poules mourront. Inoculons les 20 autres avec le virus atténué ; toutes seront malades. Laissons-les se guérir et revenons ensuite pour ces 20 poules à l'inoculation du virus très infectieux. Cette fois, il n'en tuera point. La conclusion est évidente : la maladie se préserve elle-même. Le microbe affaibli qui n'amène pas la mort se comporte comme un vaccin.

D'après un discours de Pasteur à l'Académie des sciences, 1880.

- **Quel est le principe du vaccin mis au point par Pasteur ?**
- **Pasteur a également découvert ce que sont les microbes et comment les détruire par la pasteurisation : sais-tu ce que c'est ?**

6 Le téléphone (1877)

- **En quoi le téléphone représentait-il un progrès ?**
- **Quelles sont les différences et les ressemblances entre ce téléphone et ceux que nous utilisons de nos jours ?**

7 Marie et Pierre Curie

Ces deux chercheurs isolèrent le radium, un minerai qui a une très forte radioactivité, et obtinrent à ce titre le prix Nobel de physique en 1903.

- **Décris le matériel utilisé dans ce laboratoire.**

voir résumé p. 172

5. Les progrès sociaux

1 Progrès des conditions de vie chez les ouvriers

Le travailleur, misérable sans aucun doute au commencement du siècle, a vu sa condition matérielle très notablement améliorée. Son budget offre aujourd'hui beaucoup plus d'élasticité et lui apporte un bien-être modeste, mais jadis inconnu. Les augmentations de salaires varient, mais si le progrès n'a pas uniformément répandu ses bienfaits, tous les travailleurs en profitent dans une mesure plus ou moins large. En 1840, on évaluait à treize heures la durée journalière du travail, repos déduit. Dès 1900, la moyenne était descendue à dix et dix heures et demie.

D'après A. Picard, Le bilan d'un siècle (1801-1900).

- **Comment le pouvoir d'achat des ouvriers a-t-il augmenté entre 1861 et 1913 ?**
- **En quoi leurs conditions de travail et leurs conditions de vie ont-elles progressé ?**

Un meilleur niveau de vie

Dans le dernier tiers du XIXe et au début du XXe siècle, les conditions de vie des Français se sont nettement améliorées. Les progrès de la médecine et de l'hygiène ont fait reculer les épidémies et les maladies : la population française a donc continué d'augmenter.

Dans les campagnes, les progrès techniques ont permis de meilleures récoltes et une meilleure alimentation. Les maisons sont devenues plus confortables. L'augmentation générale des salaires a permis aux habitants des villes de vivre mieux (doc. 1). Grâce à l'école, certains enfants ont pu accéder à d'autres métiers que ceux de leurs parents.

De meilleures conditions de travail

Tout au long du XIXe siècle, le nombre des ouvriers a beaucoup augmenté. Mais les inégalités sociales sont restées importantes. Pour lutter contre cette situation, les ouvriers ont créé des associations puis des syndicats (comme la CGT fondée en 1895) chargés de défendre leurs intérêts et d'obtenir de meilleures conditions de travail et de vie. Ils ont organisé des grèves, parfois violemment réprimées.

Malgré la réticence de la bourgeoisie et des industriels, leur action poussa l'État à adopter des mesures sociales : interdiction

2 La limitation de la durée de travail

- Par qui cette affiche a-t-elle été créée ?
- Que prône-t-elle ?
- Qui sont les personnages à gauche ? Que font-ils ?
- Qui sont les personnages à droite ? Que font-ils ?

3 Les revendications de Jean Jaurès et des socialistes

Vous avez fait la République et c'est votre honneur. Par le suffrage universel, vous avez fait de tous les citoyens, y compris les salariés, une assemblée de rois.
Mais au moment même où le salarié est souverain dans l'ordre politique, il est, dans l'ordre économique, réduit à une sorte de servage. Au moment où il peut chasser les ministres du pouvoir, il est, lui, sans garantie aucune et sans lendemain, chassé de l'atelier.
Il est la proie de tous les hasards et de toutes les servitudes. La misère humaine s'est réveillée avec des cris : elle s'est dressée devant vous et réclame aujourd'hui sa place, sa large place au soleil.

D'après un discours de Jean Jaurès à la Chambre des députés, 1893.

- Qu'est-ce que Jean Jaurès approuve dans l'action de la IIIe République ?
- Que réclame-t-il de plus ?
- A ton avis, qui soutenait ses réclamations ?

du travail pour les enfants de moins de 12 ans (1874) ; limitation de la journée de travail à 11 heures pour les femmes et les jeunes de moins de 18 ans (1892) puis à 10 heures pour tous (1901) ; meilleure sécurité dans les ateliers pour limiter les accidents du travail et obligation pour les industriels de verser une indemnité aux ouvriers blessés (1898) ; repos le dimanche (1906) (doc. 2).

■ Pour une société nouvelle

Des penseurs et des philosophes étaient révoltés par la misère de certains ouvriers et cherchaient des solutions à ce problème. Les socialistes comme l'Allemand Karl Marx (1818-1883) leur proposaient d'organiser une révolution pour prendre le pouvoir et transformer profondément la société.

Sous l'influence de Jean Jaurès, les socialistes français se sont unis pour fonder un parti politique, la SFIO, en 1905 (doc. 3).

LEXIQUE

les conditions de travail : les horaires de travail, les conditions de sécurité et de confort...

une grève : un arrêt de travail dans le but d'obtenir des réformes.

les socialistes : les hommes qui veulent supprimer les inégalités sociales, en transformant profondément la société.

voir résumé p. 172

6. La colonisation

1 Les grandes explorations

- A quoi vois-tu que les explorations étaient difficiles ?
- Quelles étaient les autres difficultés rencontrées par les explorateurs ?
- A ton avis, quelles étaient les motivations de ces explorateurs ?

2 Les motivations coloniales

Les colonies sont, pour les pays riches, un placement de capitaux avantageux. Mais il y a un côté plus important: la question coloniale, c'est, pour les pays voués par la nature même de leur industrie à une grande exportation, la question même des débouchés. Une marine comme la nôtre ne peut se passer, sur la surface des mers, d'abris solides, de défenses, de centres de ravitaillement. Il faut que notre pays se mette en mesure de faire ce que font tous les autres, et, puisque la politique d'expansion coloniale est le mobile général qui emporte toutes les puissances européennes, il faut qu'il en prenne son parti.

D'après un discours de Jules Ferry à la Chambre des députés, 1885.

- Que sais-tu de l'auteur de ce texte ?
- Quels sont les motifs qui ont poussé la France à coloniser des territoires étrangers ?

Les motivations coloniales

A partir du milieu du XIXe siècle, les États européens conquirent des territoires en Afrique et en Asie. Ils étaient poussés par différentes motivations:
– des raisons économiques: ils avaient besoin de matières premières pour leurs industries et de nouveaux débouchés pour leurs productions (doc. 2); le développement des transports leur permettait de commercer avec des régions de plus en plus lointaines;
– des raisons politiques: chaque pays souhaitait manifester sa puissance en se constituant un vaste empire colonial;
– des raisons idéologiques: les Européens pensaient que leur civilisation était la meilleure et qu'il fallait l'imposer aux autres peuples; les chrétiens voulaient faire connaître l'Évangile au monde entier.

Les colonies françaises

Des explorateurs comme Savorgnan de Brazza parcoururent des régions inconnues des Européens (doc. 1). Tantôt par les armes, tantôt de manière pacifique, la France prit le contrôle de l'Algérie, de la Tunisie et du Maroc, d'une partie de l'Afrique occidentale et de l'Afrique équatoriale, de l'Indochine (doc. 3) et de quelques îles dans l'océan Indien (Madagascar) et dans l'océan Pacifique (carte 19 de l'atlas).

3 Les conquêtes coloniales

En 1883, les troupes françaises prirent d'assaut la ville de Sôn Tây au Tonkin.

- **Sur la carte 19 de l'atlas, situe Sôn Tây.**
- **A quoi vois-tu que les combats furent acharnés ?**

4 Les conditions de travail dans les colonies

Chaque matin à 5 heures, le travail commence et dure sans interruption jusqu'au coucher du soleil. Nulle part le repos de midi et du dimanche complet n'est accordé au travailleur. On le force à passer 13 heures soit aux champs soit à l'usine, sans prendre ni repos ni nourriture. Et après l'appel du soir à 7 heures, que lui donne-t-on pour sa ration de la journée ? 1 200 grammes de riz en paille qu'il est obligé de piler, de vanner et de faire cuire avant de le manger.

D'après A. Gevrey, Essai sur les Comores, *1870.*

- **Sur la carte 19 de l'atlas, situe les Comores.**
- **Pourquoi les Français faisaient-ils travailler les habitants de leurs colonies ?**
- **Compare leurs conditions de travail à celles des ouvriers français à la même époque.**

■ L'administration coloniale

Les colonies françaises étaient dirigées par des fonctionnaires ou des militaires français. Les populations devaient obéir aux lois et aux règlements qu'ils imposaient.

Les habitants des colonies étaient obligés de cultiver certains produits agricoles ou de travailler dans les grandes plantations des colons et dans les mines pour fournir à la métropole les matières premières dont son industrie avait besoin (doc. 4).

Pour permettre l'acheminement des produits vers la métropole, la France fit construire des routes, des chemins de fer et des ports.

Elle installa aussi des écoles et des dispensaires dans tout l'Empire colonial français.

La colonisation divisa l'opinion publique : ses partisans (industriels, commerçants, hommes politiques) en voyaient l'intérêt économique, tandis que les anticoloniaux en dénonçaient la brutalité.

L E X I Q U E

un colon : un Européen qui habite dans une colonie et en exploite les richesses.

une colonie : un territoire occupé et administré par un État étranger.

la métropole : la partie du territoire français qui se trouve en Europe.

voir résumé p. 172

Exercice

Fais des recherches sur l'affaire Dreyfus.

1. Quel écrivain célèbre a pris parti en faveur de Dreyfus ?

2. Où le capitaine Dreyfus a-t-il été déporté ? Où se trouve ce territoire ? A qui appartenait-il ?

3. Explique cette caricature.

Résumés

Les débuts de la IIIe République (1870-1914)

L'art et la littérature, sources de l'histoire

Une époque de mutations

La littérature et l'art de la fin du XIXe et du début du XXe siècle ont évolué suivant une grande diversité de courants, notamment l'impressionnisme puis le cubisme.

La IIIe République

De 1870 à 1914, les députés et les gouvernements consolidèrent la République et la démocratie. Ils mirent en place les libertés fondamentales et la laïcité de l'État.

L'école de la République

Sous la IIIe République, Jules Ferry rendit l'école primaire gratuite, laïque et obligatoire. Celle-ci était chargée de développer le sentiment patriotique et républicain des Français et de favoriser leur unité.

Les progrès techniques

A la fin du XIXe siècle, l'utilisation du pétrole et de l'électricité a entraîné une deuxième révolution industrielle. Des progrès importants ont eu lieu dans le domaine des transports, des communications, des sciences et de la médecine.

Les progrès sociaux

A la fin du XIXe et au début du XXe siècle, le niveau de vie des Français s'est amélioré. Les syndicats ont fait pression pour obtenir la limitation du temps de travail et améliorer la vie des ouvriers.

La colonisation

A la fin du XIXe siècle, la France conquit des territoires en Afrique et en Asie. Elle se constitua un vaste empire colonial dans lequel les populations travaillaient pour fournir à la métropole les matières premières nécessaires à son industrie.

D'une guerre à l'autre 1914-1945

14

En 1914, la France et l'Europe sont à leur apogée : elles occupent une place essentielle dans le monde, tant du point de vue politique que du point de vue économique, du fait de la révolution industrielle et de la colonisation.

- La guerre contribue-t-elle à la prospérité ou au déclin d'un pays ?
- Pourquoi ?

La presse, source de l'histoire

1. Des guerres de plus en plus meurtrières

A partir du XIXe siècle, la presse est devenue de plus en plus présente dans la vie quotidienne des Français : d'une part, l'usage croissant des machines d'imprimerie a favorisé la publication des journaux ; d'autre part, le développement de l'école a permis l'accès à la lecture d'un nombre croissant de gens. Les journaux rendaient régulièrement compte de l'actualité, en particulier des guerres.

Le Petit Journal

ADMINISTRATION
61, RUE LAFAYETTE, 61
Les manuscrits ne sont pas rendus
On s'abonne sans frais dans tous les bureaux de poste

15 CENT. — SUPPLÉMENT ILLUSTRÉ — 15 CENT.
29me Année — Numéro 1.497
DIMANCHE 31 AOUT 1919

ABONNEMENTS
France et Colonies.... 6 fr. 8 fr.
Etranger .... 6 fr. 10 fr.

LE PRIX DES GUERRES

Ce qu'ont coûté les principales guerres depuis le Premier Empire jusqu'à nos jours.
Ce qu'a coûté aux Alliés la grande guerre de 1914-1918

1 Des guerres de plus en plus coûteuses

Voici la « une » d'un vieux journal, c'est-à-dire sa première page.

- **Comment s'appelle ce journal ?**
- **De quand date-t-il ?**
- **Combien coûtait-il ?**
- **Quel symbole de la France est représenté dans son titre ?**
- **Quelles sont les guerres représentées ici ?**
- **Lesquelles connais-tu ? Que sais-tu à leur sujet ?**
- **Décris l'évolution de l'uniforme, des soldats.**
- **A qui ces guerres ont-elles coûté de l'argent ?**
- **Laquelle a coûté le plus cher ? Pourquoi ?**
- **Quelle était l'intention des journalistes qui ont fait paraître ce journal ?**

2 De nouvelles techniques

La guerre qui éclata en 1914 en Europe utilisa les nouveaux moyens techniques mis au point au cours du XIXe et au début du XXe siècle.

- **D'après la carte 20 de l'atlas, quels pays étaient concernés par la guerre commencée en 1914 ?**
- **Comment appelle-t-on cette guerre ?**
- **Quel progrès technique a été utilisé pendant cette guerre ?**
- **Quels avantages offrait-il ?**

PROGRES SCIENTIFIQUES

TOUT LE MONDE PEUT RECEVOIR DES MESSAGES PAR LA T. S. F.

Un journal allemand de Dantzig vient de faire installer, dans ses bureaux, un poste récepteur de télégraphie sans fil.

C'est grâce aux progrès considérables que les savants français ont fait réaliser, pendant la guerre, à la radiotélégraphie qu'aujourd'hui il est possible, sans antenne et n'importe où, de recevoir tous les messages émis par T. S. F.

EXCELSIOR DU 2 FÉVRIER 1920.

3 Des méthodes de plus en plus meurtrières

Londres, 27 avril.

Le plus effroyable raid aérien exécuté depuis la guerre civile espagnole est celui qu'effectuèrent hier après-midi les nationalistes et qui aboutit à la destruction quasi totale de Guernica, la plus ancienne des villes des Basques et le centre de leurs traditions culturelles. Le bombardement de cette ville dura exactement trois heures quinze minutes. Il fut effectué par de nombreux avions. Le but était apparemment de démoraliser la population civile et de détruire le berceau de la race basque. Le jour avait été bien choisi. Le lundi est en effet jour de marché à Guernica et les paysans de toute la région s'y rendent. Il est impossible encore de savoir le nombre des victimes.

D'après Le Petit Parisien, *28 avril 1937.*

- **Quelle est la date de ce bombardement ?**
- **Ce bombardement visait-il des militaires ?**
- **Quel élément de ce texte montre l'horreur de cette situation ?**
- **En quoi cet article témoigne-t-il du fait qu'au XXe siècle, les guerres sont devenues de plus en plus horribles ?**

4 Les bombardements

En 1939 éclata la guerre la plus terrible de toute l'histoire de l'humanité. Les pays en guerre utilisèrent tous les moyens à leur disposition pour vaincre leurs ennemis. La presse se fit alors largement écho des bombardements dont de nombreuses villes d'Europe furent victimes.

- **D'après la carte 22 de l'atlas, trouve quels pays étaient alors en guerre.**
- **D'après la chronologie de la page 14 de l'atlas, trouve quand cette guerre s'est achevée.**
- **Quel moyen de transport était utilisé pour bombarder les villes ?**
- **Quel message ce journal a-t-il voulu faire passer en mettant cette photo à la « une » ?**

voir résumé p. 188

2. La Première Guerre mondiale (1914-1918)

Les soldats français ne portaient pas de casque au début de la guerre, ce qui explique le nombre élevé des pertes.

Ils portaient un pantalon rouge et un manteau bleu : visibles de loin du fait de ces couleurs, ils constituaient des cibles faciles pour l'ennemi.

La baïonnette au bout du fusil servait à achever les blessés.

1 L'offensive de 1914

- **En quoi l'uniforme des Allemands est-il mieux adapté que celui des Français ?**
- **D'après les cartes 20 et 21 et la chronologie de l'atlas page 14, que peux-tu dire à propos de la Première Guerre mondiale ?**

Le début du conflit

Au début du XXe siècle, les rivalités entre les États européens se multiplièrent, ce qui, en 1914, déclencha une guerre qui s'étendit rapidement à toute l'Europe. La Première Guerre mondiale opposa la France, la Russie et l'Angleterre, d'un côté, à l'Allemagne, l'Italie et l'Autriche-Hongrie, de l'autre côté.

Prise entre deux fronts, l'un contre la Russie à l'est et l'autre contre la France à l'ouest (carte 20 de l'atlas), l'armée allemande concentra ses efforts à l'ouest et lança une vaste offensive qui lui permit de pénétrer en France (doc. 1), avant d'être arrêtée lors de la bataille de la Marne (septembre 1914).

La guerre des tranchées

Le front se stabilisa et les armées françaises et allemandes creusèrent des tranchées, de la mer du Nord aux Vosges, pour mieux se protéger et défendre leurs positions (doc. 2 et carte 21 de l'atlas).

En 1916, les Allemands lancèrent une attaque à l'est de la France : la bataille de Verdun, qui dura plusieurs mois et fit 500000 morts, fut une victoire française.

A partir de 1917, les combats se généralisèrent sur terre, sur mer (avec les navires de guerre), sous la mer (avec les sous-marins) et dans les airs (avec les avions militaires qui effectuèrent les premiers bombardements aériens).

2 La guerre de tranchées

De 1915 à 1918, les soldats vécurent dans les tranchées, soumis au froid, à la pluie, à la boue, au mauvais ravitaillement, à une hygiène déplorable, à des tirs d'obus incessants et des jets de gaz de la part de l'ennemi. Dans l'impossibilité de se laver et de se raser, ils furent surnommés les « poilus ».

- **Ces soldats portent-ils toujours un képi ? Pourquoi ?**
- **En quoi les tranchées les protégeaient-elles ?**
- **A quoi vois-tu que la vie dans les tranchées était difficile ?**

3 La fin de la guerre

L'armistice est signé. Les canons et les cloches l'ont annoncé hier matin à toute la France. Le carnage finit par l'éclatante victoire de nos armes et par la défaite de ceux qui l'avaient prémédité, organisé, voulu. Les morts vengés par la victoire, voilà ce qui est digne d'être appelé la justice. Les morts sont vengés, les crimes seront châtiés durement ! Quant à l'Allemagne vaincue, les rapports que le monde civilisé entretiendra désormais avec elle dépendront de la façon dont elle saura accepter la défaite et le châtiment, régler ses comptes, expier.

D'après Alfred Capus, Le Figaro, *12 novembre 1918.*

- **Qui sont les vainqueurs de la guerre de 14-18 ?**
- **A quelle date l'armistice a-t-il été signé ?**
- **Quelle est l'attitude de l'auteur par rapport à l'Allemagne ?**

La fin de la guerre (1917-1918)

En 1917, les États-Unis d'Amérique entrèrent en guerre aux côtés de la France et de ses alliés: la guerre devint mondiale. En 1918, la France et ses alliés remportèrent la victoire et contraignirent l'Allemagne à signer l'armistice le 11 novembre 1918 (doc. 3).

Le bilan de la Grande Guerre

La Première Guerre mondiale, que l'on appelle aussi la « Grande Guerre », a fait 9 millions de morts, dont 1 million et demi en France. Elle a coûté très cher aux pays européens.

Par le traité de Versailles, signé en 1919, l'Allemagne perdit ses colonies d'Afrique et dut rendre l'Alsace et la Lorraine à la France (carte 21 de l'atlas). Elle dut rembourser les dégâts occasionnés par la guerre. Trop dures, ces conditions de paix provoquèrent la rancœur des Allemands.

LEXIQUE

un armistice: un accord entre des pays en guerre pour arrêter les combats et se préparer à signer la paix.

un front: la ligne des positions occupées par des armées ennemies.

une tranchée: un large fossé dans lequel une armée se met à couvert.

voir résumé p. 188

3. La France (1919-1939)

1 Les « années folles »

- Que représente cette affiche ?
- A ton avis, pourquoi les années d'après-guerre ont-elles été appelées les « années folles » ?

2 Les progrès de l'industrie

De nombreuses usines ont pris l'habitude de diviser le travail de fabrication entre les ouvriers pour que chacun ait une tâche simple et rapide à effectuer.

Les années folles

Après la Première Guerre mondiale, les gouvernements successifs de la France s'employèrent à reconstruire le pays et à redresser l'économie française.

Durant cette période, beaucoup de Français essayèrent d'oublier les horreurs de la guerre en se lançant à corps perdu dans de nouveaux divertissements (le jazz, musique des Noirs américains, et le music-hall, spectacle de danse et de chansons) : on appelle cette période les « années folles » (doc. 1).

Les progrès techniques et économiques amorcés au XXe siècle se poursuivirent après la guerre, avec l'usage de méthodes de production toujours plus efficaces dans les usines et le développement de moyens de transport de plus en plus rapides (automobiles, avions...) (doc. 2).

Du fait de l'exode rural, la population urbaine devint majoritaire en France.

La crise des années 1930

Après une courte période de prospérité, une grave crise économique frappa l'ensemble de l'économie mondiale dans les années 1930. L'industrie française, peu moderne par rapport à celle de ses voisins, fut gravement atteinte. Le pays entier fut victime d'une forte inflation et de nombreuses usines firent faillite, ce qui provoqua la montée du chômage et le retour de la misère dans

3 La crise des années trente

- **Sur la chronologie de l'atlas page 14, situe dans le temps la crise économique qui a frappé la France et le monde entre les deux guerres.**
- **Que font ces gens ?**
- **A quoi vois-tu l'ampleur de la misère pendant la crise des années 1930 ?**

4 Les mesures prises par le Front populaire

Tout ouvrier, employé ou apprenti a droit, après un an de services continus dans l'établissement, à un congé annuel continu d'une durée minimum de quinze jours.

Loi du 20 juin 1936

Dans les établissements industriels, commerciaux, artisanaux et coopératifs, la durée du travail effectif des ouvriers et employés de l'un et l'autre sexe et de tout âge ne peut excéder quarante heures par semaine.

Loi du 21 juin 1936.

- **Quelles sont les deux mesures prises en 1936 ?**
- **Pourquoi les congés instaurés en 1936 étaient-ils « payés » ?**
- **Compare la situation des ouvriers en 1936 à celle des ouvriers du XIXe siècle.**
- **A combien de jours de vacances un salarié a-t-il droit à notre époque ?**
- **Quelle est, de nos jours, la durée de travail hebdomadaire ?**

certaines couches de la société (doc. 3). Inquiète et mécontente, une partie de la population se mit à soutenir des mouvements d'extrême droite qui envisageaient de renverser la République pour instaurer un régime fort.

Le Front populaire

Face au danger que représentait l'extrême droite, les socialistes, les communistes et les syndicats s'unirent et constituèrent un Front populaire qui remporta les élections législatives de 1936.

Le gouvernement, dirigé par le socialiste Léon Blum, prit d'importantes mesures sociales: il décréta une augmentation générale des salaires, limita la semaine de travail à 40 heures, instaura deux semaines de congés payés par an et prolongea l'âge de la scolarité obligatoire jusqu'à 14 ans (doc. 4). Mais il ne réussit pas à faire baisser le chômage.

LEXIQUE

les congés payés: pour un salarié, des jours de vacances payés par son entreprise.

les élections législatives: l'élection des députés.

l'inflation: une hausse générale des prix.

un salarié: une personne qui travaille de manière régulière dans une entreprise et reçoit un salaire.

voir résumé p. 188

4. La place des femmes dans la société française

Jusqu'au XIXe siècle, les femmes ont eu une place secondaire dans la société. Cantonnées à leur rôle d'épouses et de mères, elles étaient soumises, par la loi et par les traditions, à l'autorité de leur père ou de leur mari et ne participaient pas à la vie économique et politique.
Mais au XXe siècle, elles ont conquis une nouvelle place dans la société française.

1 Vers 1910

- Quels étaient le rôle et la place de la femme dans la société au début du XXe siècle ?
- Que penses-tu de la légende de cette photo ?

– Ah ! je suis bien fatigué !
Mon ami, tout est prêt ! Grâce à la cuisine au gaz, j'ai pu faire le ménage, **surveiller** les enfants et faire la soupe. Nous n'avons plus qu'à nous mettre à table !

2 Le tournant de la Première Guerre mondiale

- Pourquoi les femmes ont-elles dû travailler durant la Première Guerre mondiale ?
- Quels emplois ont-elles occupé ?

Les hommes sont partis en masse et cependant les récoltes ont été ramassées, les terres labourées, les administrations fonctionnent, les tramways marchent, le métro n'est pas interrompu. Tout va, c'est un miracle ! Vive les Françaises ! Leurs maris sont au front, elles veulent toutes travailler.

D'après Marcelle Capy, La Vague, *1916.*

3 L'évolution de la mode

Après la guerre, la mode féminine s'est profondément transformée. Les femmes se sont mises à porter des robes plus courtes, qui laissaient leurs jambes découvertes (ce qui aurait été considéré comme indécent au XIXe siècle). Beaucoup ont fait couper leurs cheveux à la « garçonne », renonçant ainsi à ce symbole de la féminité qu'était la longue chevelure. Cette nouvelle mode était une manière pour les femmes d'affirmer leur nouveau statut : plus libre et moins conforme aux traditions.

- **Note toutes les différences entre l'habillement de ces deux femmes.**
- **En quoi la nouvelle mode était-elle plus pratique ?**

1896

1925

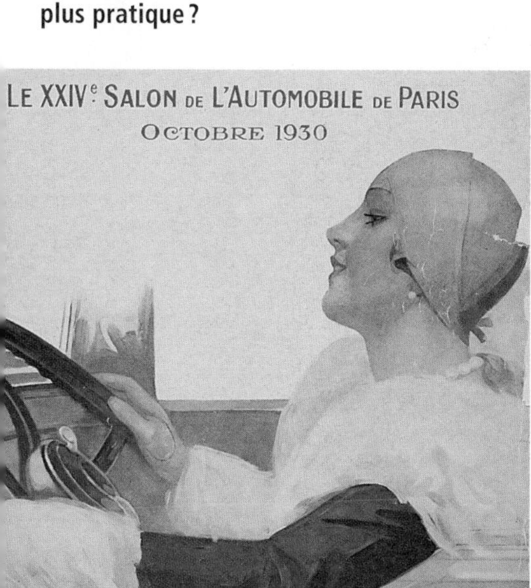

4 De nouveaux comportements

Après la guerre, de nombreuses femmes se mirent à pratiquer des activités jusque-là « réservées aux hommes », comme le sport, la conduite des automobiles…

- **Explique en quoi cette photo montre une évolution importante des mentalités à propos de la condition féminine.**

5 La lutte pour les droits politiques

Même si les compétences professionnelles des femmes commençaient à être reconnues et l'évolution de leur statut accepté (pas toujours très bien, d'ailleurs), les femmes demeuraient exclues de la vie politique : elles ne pouvaient ni participer aux élections ni être élues. Pourtant, en 1936, le gouvernement du Front populaire comportait trois femmes ministres. Mais pour obtenir le droit de vote (il ne leur fut accordé qu'en 1944), les femmes durent se mobiliser activement.

- **Pourquoi ne peut-on dire que le suffrage était universel en France avant 1944 ?**
- **Les femmes qui militaient pour le droit de vote féminin étaient appelées les « suffragettes » : explique ce terme.**

voir résumé p. 188

5. La démocratie mise en cause

Au cours du XIXe siècle, la démocratie avait nettement progressé dans toute l'Europe, même si elle ne s'était pas imposée partout. Pendant et après la Première Guerre mondiale, en particulier durant la crise économique des années 1930, certains pays optèrent pour des régimes non démocratiques.

1 La révolution communiste en Russie

En 1917, lassés par la guerre et l'absolutisme des tsars (les souverains russes), Lénine et les communistes lancèrent une révolution inspirée des idées de Karl Marx, prirent le pouvoir et contraignirent le tsar à abdiquer.

- **Sur la carte 20 de l'atlas, situe la Russie.**
- **Quelles étaient les idées de Karl Marx ?**

2 La collectivisation

La grande propriété foncière est abolie immédiatement. Les domaines des propriétaires fonciers, de même que toutes les terres des nobles, des couvents, de l'Église avec tout leur cheptel, leurs bâtiments passent à la disposition des communes.

D'après le décret de 1917.

- **Ce décret a-t-il ôté leurs terres aux petits paysans ?**
- **De quelle Église s'agit-il dans ce texte ? (pense à ton cours de géographie sur l'Europe)**
- **Quel était l'objectif des communistes russes ?**
- **A ton avis, qu'ont-ils collectivisé après les terres ?**

3 Le stalinisme

Après la mort de Lénine en 1924, Joseph Staline s'imposa rapidement comme le maître absolu en Russie (devenue l'URSS), fit du régime une véritable dictature personnelle et supprima les libertés individuelles.

Staline organisa un véritable culte autour de sa personne, en faisant dresser partout des statues et des portraits de lui-même.

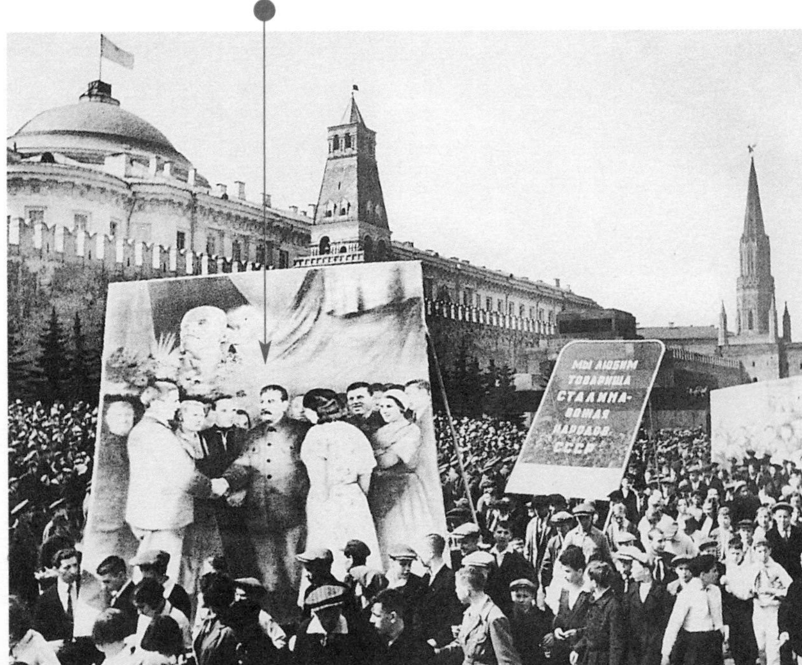

4 La montée de l'extrême droite en Europe

En 1922, Mussolini prit le pouvoir par la force en Italie, supprima les libertés individuelles et établit une dictature : ce régime fut appelé le fascisme.

En 1933, le parti nazi dirigé par Hitler remporta les élections en Allemagne et instaura une dictature appuyée sur le parti nazi et sur une police redoutable, d'une férocité extrême : ce régime fut appelé le nazisme.

- **Sur la carte 20 de l'atlas, situe l'Allemagne et l'Italie.**
- **En quoi les régimes d'Hitler et de Mussolini n'étaient-ils pas démocratiques ?**

5 Une éducation qui nie les droits de l'homme

Le Parti nazi exerçait un contrôle étroit sur la population. La presse était censurée et l'enseignement étroitement surveillé : aux jeunes, on apprenait les idées nazies, l'obéissance au parti, le racisme mais aussi les techniques de combat.

Nous ferons croître une jeunesse devant laquelle le monde tremblera. Une jeunesse intrépide, cruelle. Elle saura supporter la douleur. Je ne veux en elle rien de faible ni de tendre. Je la ferai dresser à tous les exercices physiques. Je ne veux aucune éducation intellectuelle. Le savoir ne ferait que corrompre mes jeunesses. La seule science que j'exigerai de ces jeunes gens, c'est la maîtrise d'eux-mêmes. Ils apprendront à dompter la peur.

D'après Hitler, propos recueillis par Hermann Rauschning en 1933 et 1934, Hitler m'a dit, *Somogy, 1945.*

- **Quels sont les objectifs de l'éducation nazie ?**
- **A quoi vois-tu que ce projet est contraire aux principes démocratiques ?**
- **Pourquoi Hitler accordait-il une grande importance à l'éducation de la jeunesse ?**

L E X I Q U E

une dictature : un régime politique dans lequel le pouvoir est concentré entre les mains d'un seul homme dont l'autorité est sans limites.

la propriété foncière : le fait que des personnes possèdent des terres.

le racisme : le comportement de ceux qui pensent que certaines personnes sont supérieures à d'autres du fait de leurs origines.

6 L'antisémitisme

Hitler estimait que les Allemands appartenaient à une race supérieure qui devait dominer le monde. Les Juifs, considérés comme des êtres inférieurs, étaient persécutés par le régime : ils étaient renvoyés de leurs emplois, leurs magasins étaient boycottés ou saccagés et de nombreux lieux publics leur étaient interdits. A partir de 1935, ils durent porter une étoile jaune cousue sur leur vêtement pour être identifiables.

- **Quel but poursuivent ces policiers en interdisant aux Allemands l'accès des magasins tenus par les Juifs ?**

voir résumé p. 188

6. La Seconde Guerre mondiale (1)

1 L'armistice de 1940

Après la défaite de l'armée française, le maréchal Pétain signa l'armistice avec l'Allemagne nazie en juin 1940 et collabora étroitement avec elle.

- **Quelles sont les relations entre Hitler et Pétain ?**

2 La collaboration

- **A quoi vois-tu que la France a étroitement collaboré avec l'Allemagne ?**
- **En quoi la collaboration avec l'Allemagne était-elle contraire à l'idéal démocratique et républicain de la France ?**

■ Le début du conflit (1939-1942)

Décidé à faire de l'Allemagne une grande puissance, Hitler, soutenu par l'Italie et le Japon, fit envahir l'Autriche, une partie de la Tchécoslovaquie (1938) puis la Pologne (1939) (carte 22 de l'atlas). Pour arrêter son expansion, la France et la Grande-Bretagne lui déclarèrent la guerre en septembre 1939.

Durant les premiers mois du conflit, l'armée allemande se battit surtout en Pologne et il n'y eut presque aucun combat sur le front occidental: on qualifia cette période de « drôle de guerre ».

En mai 1940, l'Allemagne déclencha une violente offensive à l'ouest et, en quelques semaines de « guerre éclair », mit l'armée française en déroute. Dirigé par le maréchal Pétain, le gouvernement français demanda l'armistice à l'Allemagne en juin 1940 (doc. 1).

La Grande-Bretagne continua seule la guerre. Victime des bombardements, elle mena une guerre aérienne, marine et sous-marine sans relâche pour lutter contre l'Allemagne qui pensait la faire céder en bloquant son ravitaillement et en l'isolant ainsi du reste du monde.

Ensemble, l'Allemagne et l'Italie étendirent leur domination sur le sud de l'Europe et le nord de l'Afrique (cartes 22 et 23 de l'atlas).

3 Le sort des Juifs de France

Les négociations avec le gouvernement français ont donné les résultats suivants. L'ensemble des Juifs de France sont tenus prêts à notre disposition en vue de leur évacuation. Le Président Laval a proposé que, lors de l'évacuation des familles juives de la zone non occupée, les enfants de moins de 16 ans soient emmenés eux aussi. Quand aux enfants juifs de la zone occupée, la question ne l'intéresse pas.

Note d'un officier SS au gouvernement de Berlin, 1942.

- **Sur la carte 22 de l'atlas, situe Vichy, la zone occupée par les Allemands et la « zone libre » dirigée par le gouvernement de Vichy.**
- **A quoi vois-tu que le gouvernement de Vichy collabore avec les Allemands ?**
- **Que penses-tu de l'attitude du gouvernement de Vichy ?**

4 La résistance

- **Pourquoi les résistants ont-ils saboté ce train ?**
- **Pourquoi certains Français ont-ils continué à se battre après la signature de l'armistice ?**
- **A ton avis, que risquaient les résistants ?**

5 L'appel du 18 juin 1940

Nous sommes submergés par la force mécanique, terrestre et aérienne de l'ennemi. Mais le dernier mot est-il dit? La défaite est-elle définitive? Non! Car la France n'est pas seule! Elle a un vaste empire derrière elle. Elle peut faire bloc avec l'Empire britannique. Moi, général de Gaulle, actuellement à Londres, j'invite les officiers et les soldats français, j'invite les ingénieurs et les ouvriers spécialisés des industries d'armement à se mettre en rapport avec moi. Quoi qu'il arrive, la flamme de la résistance française ne doit pas s'éteindre et ne s'éteindra pas.

Discours du général de Gaulle à la radio britannique, le 18 juin 1940.

- **Qu'est-ce que le général de Gaulle n'accepte pas ?**
- **Que demande-t-il ?**
- **Quel moyen utilise-t-il pour se faire entendre ?**

■ Collaboration et Résistance

Après l'armistice, les troupes allemandes occupèrent la majeure partie de la France, y réquisitionnant du matériel et des hommes pour poursuivre la guerre.

Installé à Vichy, dans la « zone libre », le gouvernement dirigé par le maréchal Pétain collabora étroitement avec l'Allemagne, pensant ainsi préserver la France des nazis. Il envoya des travailleurs dans les usines allemandes et mena une politique antisémite, en déportant les Juifs de France vers l'Allemagne (doc. 2 et 3).

Certains Français refusèrent l'armistice et la collaboration et poursuivirent la guerre aux côtés de la Grande-Bretagne. Sous la direction du général de Gaulle (doc. 5) et de Jean Moulin, ces résistants s'organisèrent en réseaux clandestins et lancèrent des sabotages contre les Allemands (doc. 4).

LEXIQUE

la collaboration: la politique d'entente et de soutien menée par le gouvernement de Vichy vis-à-vis de l'Allemagne nazie.

les résistants: pendant la guerre, les hommes et les femmes qui luttaient clandestinement pour libérer la France et vaincre l'Allemagne.

voir résumé p. 188

7. La Seconde Guerre mondiale (2)

1 Le débarquement en Normandie

Le 6 juin 1944, à 6h30 du matin, une flotte de 500 navires aborda les plages de Normandie, prenant les Allemands par surprise. Sous le feu ininterrompu de l'armée allemande, les soldats britanniques, canadiens et américains débarquèrent et commencèrent à libérer l'Europe.

- Quel pays est entré dans la guerre bien après le déclenchement du conflit ?
- A ton avis, pourquoi s'est-il opposé à l'Allemagne ?
- Sur la carte 23 de l'atlas, trouve quel autre pays est entré en guerre en 1941.
- Pourquoi était-il logique qu'à partir de cette date, les Alliés remportent la victoire ?
- Sur la carte 22 de l'atlas, situe l'autre débarquement qui a eu lieu en Europe à la fin de la guerre.

■ La mondialisation du conflit (1942)

En 1941, l'URSS et les États-Unis entrèrent en guerre aux côtés de la Grande-Bretagne, contre l'Allemagne: le conflit devint mondial.

L'année 1942 marqua un tournant dans la guerre: désormais plus nombreux, plus puissants et mieux armés que leurs adversaires, les Alliés (Grande-Bretagne, États-Unis d'Amérique et URSS) arrêtèrent l'avancée de l'Allemagne nazie et de ses alliés (carte 23 de l'atlas).

■ Les victoires des Alliés (1943-1945)

Les Américains et les Britanniques débarquèrent leurs troupes en France en 1944: en Normandie le 6 juin et en Provence en août (doc. 1 et carte 24 de l'atlas). Aidés par les résistants français, ils libérèrent la France tandis que les Soviétiques avançaient sur Berlin. Le 8 mai 1945, l'Allemagne capitula. Pour mettre fin à la guerre, les États-Unis lâchèrent deux bombes atomiques sur le Japon qui capitula le 2 septembre 1945 (doc. 2 et carte 23).

2 La bombe atomique à Hiroshima

Après la capitulation de l'Allemagne, les États-Unis lâchèrent deux bombes atomiques sur le Japon pour mettre fin à la guerre. Ces bombes firent de graves dégâts matériels et plusieurs centaines de milliers de morts et de blessés graves.

- **Sur la carte 23, trouve le nom de l'autre ville japonaise victime de la bombe atomique en 1945.**
- **Pourquoi l'usage de la bombe atomique a-t-il provoqué la stupeur dans le monde ?**

3 Les camps de concentration

- **A quoi vois-tu que ces déportés étaient maltraités ?**
- **Pourquoi les nazis envoyaient-ils les Juifs dans des camps de concentration ?**
- **En quoi la Seconde Guerre mondiale a-t-elle été plus horrible que toutes les guerres qui l'ont précédée ?**

■ Les traumatismes de la guerre

La Seconde Guerre mondiale fit 50 millions de morts, dont 5 millions de Juifs et de Tziganes, exterminés dans les camps de concentration : il s'agit là du plus important génocide de l'humanité (doc. 3).

■ Un nouvel équilibre mondial

La guerre affaiblit profondément l'Europe, mais fit des États-Unis et de l'URSS les deux grandes puissances mondiales. Les Alliés créèrent un organisme chargé de veiller au maintien de la paix dans le monde : l'ONU (Organisation des nations unies).

L E X I Q U E

un camp de concentration : un camp dans lequel les personnes emprisonnées connaissent des conditions de vie effroyables (faim, froid, torture, travaux très durs...).

capituler : reconnaître sa défaite face à l'ennemi.

exterminer : tuer toutes les personnes d'un groupe.

un génocide : l'extermination systématique d'un peuple.

voir résumé p. 188

Exercice

Observe cette photo qui date de 1930.

1. Quels éléments étaient différents à l'époque de la Révolution française ?

2. Quels éléments sont différents aujourd'hui ?

Résumés

D'une guerre à l'autre (1914-1945)

La presse, source de l'histoire

Des guerres de plus en plus meurtrières

Au xxe siècle, la presse est devenue plus présente dans la vie quotidienne. Les journaux apportent un témoignage intéressant sur les guerres du xxe siècle, devenues plus meurtrières et plus cruelles qu'autrefois.

La Première Guerre mondiale (1914-1918)

De 1914 à 1918, l'Europe puis une grande partie du monde furent la proie d'une guerre qui opposa la France et l'Allemagne. Le conflit fit un nombre élevé de morts et provoqua le déclin de l'Europe.

La France (1919-1939)

Dans les années 1930, une grave crise mondiale provoqua l'inflation et le chômage. En 1936, le Front populaire essaya d'améliorer les conditions de vie des Français (congés payés, semaine de 40 heures…).

La place des femmes dans la société

Après la Première Guerre mondiale, les femmes ont conquis une nouvelle place dans la société. Beaucoup se sont mises à travailler. Elles se sont battues pour obtenir le droit de vote.

La démocratie mise en cause

De 1919 à 1939, les démocraties occidentales ont assisté, impuissantes, à la montée de différentes dictatures en URSS, en Italie et en Allemagne.

La Seconde Guerre mondiale (1)

En 1940, la France fut vaincue par l'Allemagne. Le maréchal Pétain signa l'armistice et collabora avec l'Allemagne nazie. Mais des mouvements de résistance continuèrent le combat.

La Seconde Guerre mondiale (2)

Les Alliés débarquèrent en Normandie. En 1945, ils firent capituler l'Allemagne et lâchèrent deux bombes atomiques sur le Japon. Pendant la guerre, environ 5 millions de Juifs furent exterminés dans les camps de concentration.

La France contemporaine

15

Au lendemain de la guerre, en 1945, la France est en ruines et dans un état de totale désorganisation. Elle doit donc se reconstruire pour retrouver une place importante au niveau européen et à l'échelle mondiale. Elle travaille aussi avec ses voisins à l'installation d'une paix définitive en Europe.

- A quoi vois-tu que ce quartier est récent ?
- Pourquoi la France a-t-elle eu besoin de construire de nombreux immeubles après la guerre ?

Chapitre 15

1. La IVe et la Ve République

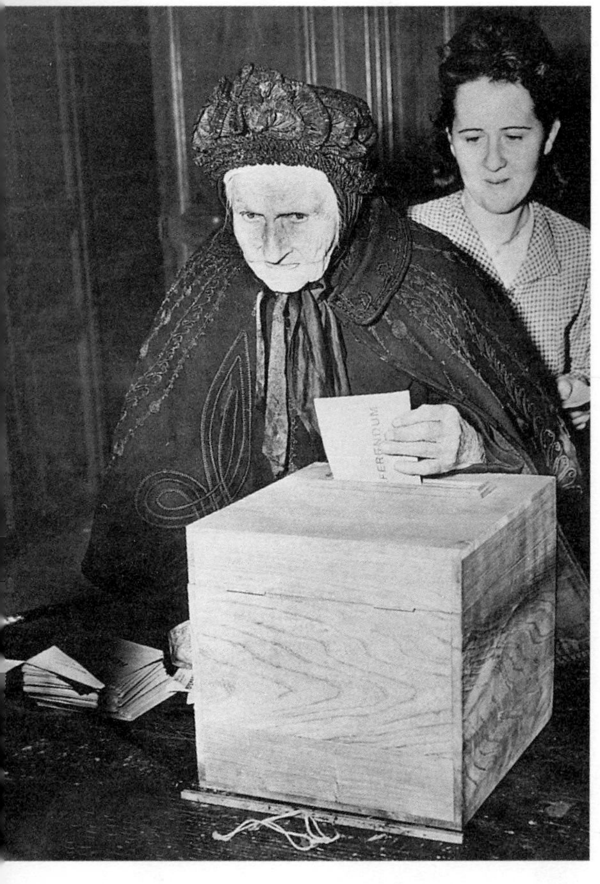

1 Le premier vote des femmes en 1946

- De quand date le suffrage universel masculin ?
- Comment appelait-on les femmes qui ont milité pour que le droit de vote leur soit accordé ?
- Cette femme était alors la doyenne des Français (elle avait 104 ans) : quels régimes politiques a-t-elle connus au cours de sa vie ?

2 La France en ruines

Pendant de longues semaines, la capitale restera sans moyens de communiquer régulièrement avec les provinces. Les lignes téléphoniques et télégraphiques ont subi des coupures sans nombre. Les postes radio sont détruits. Il n'y a pas d'avion. Les chemins de fer sont quasi bloqués. De nos 12 000 locomotives, il nous en reste 2 800. 3 000 ponts ont sauté. 300 000 véhicules, à peine, sont en état de rouler. Les stocks de vivres, de matières premières, de combustibles, d'objets fabriqués, ont entièrement disparu. La Libération ne va, tout d'abord, apporter au pays, vidé de tout, aucune aisance matérielle.

Général de Gaulle, Mémoires de guerre, *Plon, Paris, 1959.*

- Que sais-tu de l'auteur de ce texte ?
- Pourquoi la France est-elle dans un tel état de ruines après la guerre ?
- En quoi cela a-t-il gêné sa reconstruction économique ?

Au lendemain de la guerre

Après la guerre, le gouvernement provisoire dirigé par le général de Gaulle s'attacha à réorganiser le pays (doc. 2). Il fit juger ceux qui avaient collaboré avec les Allemands (y compris le maréchal Pétain) et prit d'importantes mesures, comme le droit de vote accordé aux femmes (doc. 1), la création de la Sécurité sociale et la nationalisation de certaines entreprises.

En 1945, les Français élurent une Assemblée constituante chargée de rédiger une nouvelle constitution. Cette constitution, adoptée par référendum en 1946, donna naissance à la IVe République.

La IVe République (1946-1958)

La constitution de la IVe République accordait d'importants pouvoirs à l'Assemblée nationale. Celle-ci n'hésita pas à renverser les gouvernements chaque fois qu'elle était en désaccord avec eux. Aussi cette période fut-elle marquée par une forte instabilité ministérielle : de 1946 à 1958, 22 gouvernements se succédèrent à la tête du pays !

Ces gouvernements successifs réalisèrent néanmoins une œuvre importante : ils reconstruisirent la France et lancèrent le projet d'une Europe unie.

En 1954, une guerre éclata en Algérie, colonie française, entre les partisans de l'indépendance et les autorités françaises (carte 25 de l'atlas). En 1958, craignant que le conflit ne s'étende à la France, l'Assemblée nationale demanda au général de Gaulle de revenir au pouvoir pour régler le problème.

Celui-ci demanda que la France soit dotée d'une nouvelle constitution accordant

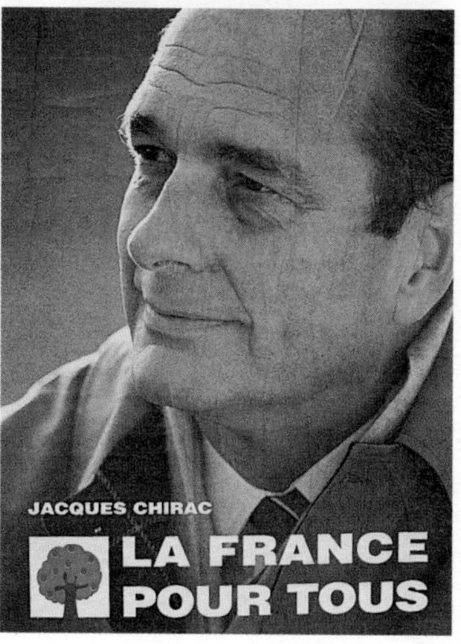

3 Les présidents de la Ve République

Depuis 1965, le président de la République est élu au suffrage universel.

● **Sur la chronologie page 15, trouve la période pendant laquelle chacun de ces hommes a été président de la République.**

moins de pouvoir à l'Assemblée nationale et davantage au gouvernement. Approuvé par référendum à une très large majorité, son projet donna naissance à la Ve République.

■ La Ve République (depuis 1958)

De 1958 à 1969, devenu président de la République, le général de Gaulle s'attacha à rétablir la grandeur politique de la France en négociant les décolonisations (carte 25 de l'atlas), en manifestant l'indépendance de la France vis-à-vis des États-Unis et en favorisant le développement économique du pays.

Après son départ en 1969, la France fut dirigée par quatre présidents successifs (doc. 3):
– Georges Pompidou (gaulliste) de 1969 à 1974.
– Valéry Giscard d'Estaing (libéral) de 1974 à 1981.
– François Mitterrand (socialiste) de 1981 à 1995.
– Jacques Chirac (gaulliste) depuis 1995.

LEXIQUE

une décolonisation: pour une colonie, le fait de devenir indépendante.

l'indépendance: la situation d'un pays qui est libre, qui ne dépend pas d'un autre.

l'instabilité ministérielle: le changement fréquent de gouvernements, de ministres.

une nationalisation: le fait que l'État devienne propriétaire d'une entreprise.

un référendum: un vote au cours duquel il faut répondre par oui ou par non à une question.

voir résumé p. 200

2. La décolonisation

1 La guerre d'Indochine

Face à l'armée française, organisée et disciplinée, les Vietnamiens pratiquaient la guérilla.

- **Sur la carte 25 de l'atlas, situe l'Indochine.**
- **Sur la chronologie de la page 15 de l'atlas, détermine combien de temps la guerre d'Indochine a duré.**
- **Pourquoi la France ne voulait-elle pas accorder l'indépendance à l'Indochine ?**

2 L'indépendance de la Côte d'Ivoire

Voici arrivé pour toi, ô mon pays bien aimé, l'heure tant attendue où ton destin t'appartient entièrement. Peuple de mon pays, laisse éclater ta joie. Tu as souffert plus que tout autre, mais ta souffrance n'a pas été vaine. Tu as lutté, mais pas inutilement puisque ta victoire, tu la connais aujourd'hui. Tu es libre, et avec fierté, et tu entres dans la grande famille des nations.

D'après Félix Houphouët-Boigny, président de la République de Côte d'Ivoire, 1960.

- **Sur la carte 25 de l'atlas, situe la Côte d'Ivoire.**
- **Quelles étaient les autres colonies françaises d'Afrique noire ?**
- **Quel était le sentiment de Félix Houphouët-Boigny quand il fit cette déclaration ?**
- **Que signifie la dernière phrase ?**

L'après-guerre

La Seconde Guerre mondiale avait fait perdre leur prestige aux puissances coloniales (parmi lesquelles la France) et favorisé l'essor des idées nationalistes: les peuples des colonies commençaient à réclamer leur indépendance.

Dans un premier temps, la France mit tout en œuvre pour conserver son empire, composé de l'Indochine, du Maghreb (Maroc, Algérie et Tunisie) et de plusieurs territoires en Afrique noire (carte 25 de l'atlas).

La guerre d'Indochine (1946-1954)

L'Indochine était une colonie française composée du Laos, du Cambodge et du Vietnam. Les Japonais l'occupèrent durant la Seconde Guerre mondiale, mais durent l'évacuer après leur défaite, en 1945.

Les communistes indochinois, dirigés par Hô Chi Minh, déclarèrent alors l'indépendance du Vietnam. La France s'engagea dans une longue guerre (1946-1954) pour tenter de conserver sa colonie (doc. 1). En 1954, l'armée française fut battue à Diên Biên Phû et reconnut l'indépendance du Vietnam.

Les décolonisations « pacifiques »

Le Maroc et la Tunisie obtinrent leur indépendance en 1956.

En Afrique noire, les colonies françaises obtinrent progressivement des réformes,

3 Le nationalisme algérien

Peuple français ! Le peuple algérien, exploité jusqu'à la moelle, humilié et bâillonné, souffre le pire des calvaires de la domination coloniale et lutte en silence, mais avec acharnement, pour sa libération nationale. La politique de force n'est-elle pas de nature à pousser les Algériens vers des solutions de désespoir ? Peuple français ! Tu ne peux pas rester les bras croisés pendant qu'en ton nom, on maintient tout un peuple sous la botte colonialiste. Tu n'admettras jamais que l'Algérie qui a sacrifié des centaines de milliers de ses enfants pour libérer la France et le monde du nazisme et du fascisme soit si odieusement exclue du droit à la liberté. Vive l'indépendance des peuples !

Extraits de la déclaration du Front de libération nationale, 1954.

- **Sur la carte 25 de l'atlas, situe l'Algérie.**
- **Quels sont les arguments utilisés pour réclamer l'indépendance ?**
- **Qu'est-ce que les auteurs entendent par des « solutions de désespoir » ?**
- **D'après la chronologie de la page 15, que s'est-il passé en Algérie après 1954 ?**

4 Le jour de l'indépendance en Algérie

- **Comment la population algérienne réagit-elle ?**
- **D'après la chronologie de la page 15 de l'atlas, en quelle année cette manifestation a-t-elle eu lieu ?**

accédant ainsi à une autonomie de plus en plus grande avant d'obtenir leur indépendance en 1960 (doc. 2). La France conserva des liens étroits avec ses anciennes colonies, notamment des liens commerciaux.

La guerre d'Algérie (1954-1962)

Depuis la Seconde Guerre mondiale, une sourde tension montait en Algérie entre les colons et les musulmans.

A partir de 1954, une guerre impitoyable s'engagea entre le Front de libération nationale (FLN) qui réclamait l'indépendance de l'Algérie (doc. 3) et l'armée française. En 1958, le général de Gaulle fut rappelé au pouvoir pour résoudre le problème. Après quelques hésitations, il mit fin à la guerre en 1962 en reconnaissant l'indépendance de l'Algérie par les accords d'Évian (doc. 4).

La guerre avait fait 300 000 morts et avait profondément désorganisé l'Algérie. Un million de Français (les « pieds noirs ») choisirent de revenir en métropole, après avoir perdu la totalité de leurs biens.

L E X I Q U E

l'autonomie: la situation d'un pays qui dispose de certaines libertés mais dépend d'un autre.

nationaliste: favorable à la nation à laquelle il appartient, à sa langue, ses coutumes, sa liberté; par extension, ce terme désigne aussi les personnes qui, au nom des mêmes principes, tentent d'exclure ceux qui n'appartiennent pas à cette nation.

voir résumé p. 200

3. Les progrès scientifiques et techniques du XXe siècle

Depuis la Seconde Guerre mondiale, le monde a connu des progrès scientifiques et techniques extraordinaires, au point que l'on parle d'une troisième révolution industrielle (après celle des machines puis celle de l'énergie).

1 La révolution informatique

La grande révolution technique depuis la guerre concerne la mise au point puis l'usage massif de l'informatique. Les ordinateurs sont de gigantesques « cerveaux » électroniques, capables de traiter rapidement une grande quantité d'informations. Ils facilitent le travail des hommes en effectuant des calculs impossibles pour ces derniers. Par exemple, ce technicien imagine une nouvelle voiture et la teste fictivement sur un ordinateur.

- **Quels autres usages de l'informatique connais-tu ?**

Depuis le début du siècle, le monde connaît une véritable révolution de l'information. La presse écrite s'est beaucoup développée et est relayée par les médias audiovisuels (la radio et la télévision) et de nouveaux moyens de communication. En particulier, le réseau Internet fonctionne comme une gigantesque toile d'araignée qui relie les ordinateurs des écoles, ceux des entreprises, ceux des journaux et même ceux des particuliers, chacun pouvant chercher des informations et communiquer avec tous les autres.

- **En quoi ces nouveaux médias contribuent-ils à créer une culture uniforme dans le monde ?**

2 Les progrès de la médecine

Une nouvelle période de l'histoire de la médecine s'ouvre en 1936 avec la découverte des sulfamides. Elle se poursuit avec la découverte de la pénicilline, des autres antibiotiques, des hormones. Les chirurgiens ouvrent les cœurs, les poumons, les cerveaux. Les hématologues sauvent les nouveau-nés en changeant leur sang, tout leur sang.

D'après Jean Bernard, Esprits et sagesses de la médecine, *Odile Jacob, 1997.*

- **Cherche dans un dictionnaire la signification des mots que tu ne connais pas.**
- **Quels progrès ont été réalisés en médecine depuis 1936 ?**
- **Quels ont été les autres progrès de la médecine ?**
- **Tous les habitants de la planète profitent-ils des progrès de la médecine ?**

3 De nouvelles énergies

Parce que les ressources en charbon, pétrole et gaz naturel ne sont pas infinies, on a mis au point de nouvelles énergies: l'énergie nucléaire, qui permet de produire de grandes quantités d'électricité avec peu de matières premières, mais qui laisse des déchets nocifs et dangereux; et aussi l'énergie solaire, qui ne coûte rien.

- **Pourquoi l'énergie solaire est-elle gratuite ?**
- **Est-ce une énergie renouvelable (inépuisable) ?**

4 La conquête de l'espace

Depuis la guerre, les moyens de transport sont devenus plus rapides et plus confortables, comme le TGV (Train à Grande Vitesse) ou le Concorde (qui vole à plus de 2000 km/h). Les hommes ont également commencé à explorer l'espace: en 1969, deux Américains à bord d'une fusée ont, pour la première fois, atteint la Lune. Depuis, il y a eu beaucoup d'expéditions dans l'espace et l'envoi de nombreux satellites.

- **Que signifie l'expression « conquête de l'espace » ?**

5 Quel avenir pour l'homme?

Le nucléaire, les manipulations génétiques, la pollution, le chômage alimentent les grandes angoisses d'aujourd'hui et de demain. Mais aussi ce sentiment confus de flottement dans un monde déstabilisé. L'effet de serre, dû à l'augmentation de gaz carbonique dans l'atmosphère, est la crainte la plus fondée. Et comment ignorer les fissures de la couche d'ozone censée nous protéger des rayons ultraviolets, les pluies acides qui dévastent les forêts de l'Est?

D'après D. Bermond, « Scénario pour l'an 2100 »,
L'histoire *n° 138, 1990.*

- **En quoi les progrès techniques ont-ils allégé le travail des hommes et facilité leur vie ?**
- **Quels soucis et quelles interrogations créent-ils sur l'avenir de l'humanité ?**
- **Quels autres inconvénients génèrent-ils dans la vie quotidienne ?**

LEXIQUE

les médias: l'ensemble des moyens de communication qui permettent de transmettre l'information au grand public (presse, radio, cinéma, télévision, câble, publicité, téléphonie, télécopie...).

voir résumé p. 200

4. La croissance puis la crise

1 La société de consommation vers 1950

● **Indique quelques changements dans la vie des familles françaises entre 1910 (photo page 180) et 1950.**

2 Les Trente Glorieuses

Quand nous avions 20 ans, 20 % des familles françaises avaient une voiture ; 70 % en ont une aujourd'hui. 5 à 6 % avaient une machine à laver, un réfrigérateur et un téléphone ; aujourd'hui, 95 % ont un réfrigérateur, 80 % un lave-linge et 65 % un téléphone. Quant à la télévision, elle habite neuf foyers sur dix aujourd'hui. Ces années étonnantes, Jean Fourastié les appelle les « trente glorieuses ». Le revenu par tête avait presque doublé au XIXe siècle. Il avait encore doublé pendant le premier tiers du XXe siècle. Depuis 1950, il a été multiplié par quatre.

Jean Boissonnat, L'Expansion, *1987.*

● **Pourquoi a-t-on appelé la période qui s'étend de 1945 à 1975 les « Trente Glorieuses » ?**

● **De combien le niveau de vie a-t-il augmenté depuis le début du XIXe siècle ?**

Les Trente Glorieuses

De 1945 à 1975, la France et les autres pays industrialisés ont connu la plus grande croissance économique de l'histoire : les activités se sont toutes développées, les entreprises ont amélioré leur productivité et fourni du travail à tous (doc. 2).

La croissance économique a entraîné une nette progression du niveau de vie des Français. La vie quotidienne s'est améliorée avec la construction de logements mieux conçus et mieux équipés, le développement des loisirs, la large diffusion de l'automobile, de l'électroménager, de la télévision (doc. 1)... Cette société d'abondance a été appelée la « société de consommation ».

Dans les années 1960, certains intellectuels ont critiqué la société de consommation. Selon eux, elle accentuait les inégalités entre les riches et les pauvres, exclus du système par manque d'argent. La révolte des étudiants en mai 1968 exprimait leur refus d'une société qui leur paraissait privée de justice, de liberté, d'égalité et de solidarité (doc. 3).

La crise économique

A partir de 1973, les variations du prix de certaines matières premières indispensables aux industries (comme le pétrole) et le développement de l'informatique et de la

3 Mai 1968

En 1968, les étudiants ont organisé une grande révolte pour protester contre la société de consommation, qu'ils trouvaient trop axée sur les besoins matériels et pas assez sur la solidarité, la justice et la liberté de chacun.

● **Quels éléments de la photo montrent l'ampleur de cette révolte ?**

4 La crise économique

12 % de la population active française est au chômage. Certains se retrouvent sans revenu et perdent tout, jusqu'à leur logement.

● **A ton avis, qu'est-ce qui a fait que cet homme se retrouve sans logement ?**

robotisation (qui réduisent le nombre des emplois) ont entraîné une grave crise économique dans les pays industrialisés.

La France a souffert d'une forte inflation. De nombreuses entreprises ont fait faillite, des usines ont fermé, provoquant la montée du chômage, la baisse du pouvoir d'achat et le retour de la misère dans certaines couches de la société (doc. 4).

Depuis une vingtaine d'années, les gouvernements successifs ont essayé d'apporter des solutions aux problèmes économiques et sociaux posés par la crise. Mais ces efforts n'ont pas encore permis de relancer l'économie et de redonner un emploi à tous.

LEXIQUE

une faillite: la fermeture d'une entreprise qui ne peut plus payer ce qu'elle doit.

l'inflation: l'augmentation générale des prix.

un intellectuel: une personne qui consacre sa vie à la réflexion et à la connaissance (professeur, écrivain, philosophe...).

le niveau de vie: le degré de richesse d'une catégorie de personnes.

le pouvoir d'achat: la quantité de biens et de services que quelqu'un peut acheter en fonction de son revenu.

la productivité: le rendement d'une activité, la quantité produite par rapport au travail fourni.

la robotisation: l'usage massif des machines automatiques.

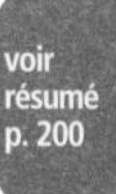
voir résumé p. 200

5. La construction européenne

1 Le traité de Rome (1957)

Le 26 mars 1957, à Rome, les ministres de six pays d'Europe ont signé un traité instituant la Communauté économique européenne (CEE).

- **Quels sont ces six pays ?**
- **D'après la carte 26 de l'atlas, quels autres pays ont rejoint la CEE depuis 1957 ?**
- **Quel est le nom actuel de la CEE ?**

2 Une initiative française

Le gouvernement français propose de placer l'ensemble de la production franco-allemande de charbon et d'acier sous une Haute Autorité commune, dans une organisation ouverte à la participation des autres pays d'Europe. La mise en commun des productions de charbon et d'acier assurerait immédiatement l'établissement de bases communes de développement économique. La solidarité de la production qui sera ainsi nouée manifestera que toute guerre entre la France et l'Allemagne devient non seulement impensable, mais matériellement impossible.

Déclaration de Robert Schuman, ministre des Affaires étrangères de la France, 1950.

- **Quelle était la nationalité de l'auteur de ce texte ?**
- **Quels étaient les premiers produits concernés par ce projet ?**
- **Quel était l'objectif poursuivi par ceux qui voulaient construire l'Europe ?**

La CEE

Après la guerre, deux hommes politiques français, Robert Schuman et Jean Monnet, proposèrent de lier la France et l'Allemagne par une étroite coopération commerciale, afin de renforcer la paix en Europe (doc. 2 et 4).

En 1957, par le traité de Rome, ces deux pays s'unirent à l'Italie, à la Belgique, au Luxembourg et aux Pays-Bas pour fonder la CEE (Communauté économique européenne) (doc. 1 et carte 26 de l'atlas): les droits de douane étaient supprimés sur tous les produits échangés entre ces pays.

D'autres pays se sont joints à la CEE depuis, afin de bénéficier de ce marché commun, propice au commerce: la Grande-Bretagne, l'Irlande et le Danemark en 1973; la Grèce en 1981; l'Espagne et le Portugal en 1986.

Progressivement, la Communauté économique européenne s'est organisée et s'est dotée d'institutions, comme le Parlement européen et la Commission de Bruxelles.

L'Union européenne

Depuis le traité de Rome, d'autres traités ont renforcé les liens entre les États membres. En particulier, le traité de Maastricht, appliqué depuis 1993, a transformé la CEE en Union européenne. Désormais, les

3 L'Euro

L'Euro a remplacé les différentes monnaies européennes et est devenu la monnaie unique dans toute l'Union européenne.

- **Que peux-tu voir sur cette monnnaie ?**
- **Quels sont les avantages de la monnaie unique ?**
- **Quelles difficultés rencontre l'Union européenne pour mettre en place l'Euro ?**
- **Que va devenir le franc ?**

4 L'amitié franco-allemande

En 1984, le président François Mitterrand et le chancelier Helmut Kohl ont rendu hommage ensemble aux « morts des combats passés ».

- **De qui s'agissait-il ?**
- **En quoi cela montre-t-il que les deux pays ont enterré le passé ?**
- **En quoi l'amitié franco-allemande est-elle importante ?**

personnes, les marchandises et les services peuvent circuler librement dans l'Union européenne, car il n'y a plus ni droits de douane ni visas. Par exemple, les Européens peuvent étudier, travailler et vivre dans n'importe quel pays de l'Union sans avoir à demander d'autorisation.

Les pays de l'Union européenne travaillent ensemble dans le domaine éducatif, dans la recherche, en particulier dans l'aéronautique et le spatial: ils ont mis leurs moyens et leurs connaissances en commun pour construire l'Airbus, le lanceur Ariane et l'avion spatial Hermès. En 1999, une monnaie unique, l'Euro, a remplacé les monnaies nationales (doc. 3).

Depuis la signature du traité d'Amsterdam en 1997, les membres de l'Union accordent une importance accrue à la lutte contre le chômage et contre les inégalités sociales.

En 1995, l'Union européenne a accueilli l'Autriche, la Suède et la Finlande (carte 26 de l'atlas). Elle examine désormais la demande faite par plusieurs pays d'Europe centrale et orientale qui souhaitent faire partie de l'Union européenne.

LEXIQUE

un visa: une autorisation accordée à une personne qui souhaite entrer dans un pays étranger.

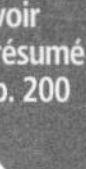
voir résumé p. 200

Exercice

Voici deux affiches réalisées par les étudiants en mai 68 :

1. Explique la signification de celle de gauche, sachant que l'ORTF désignait la radio et la télévision publique.

2. Explique celle de droite.

3. Ces deux affiches seraient-elles toujours valables aujourd'hui ? (justifie ta réponse)

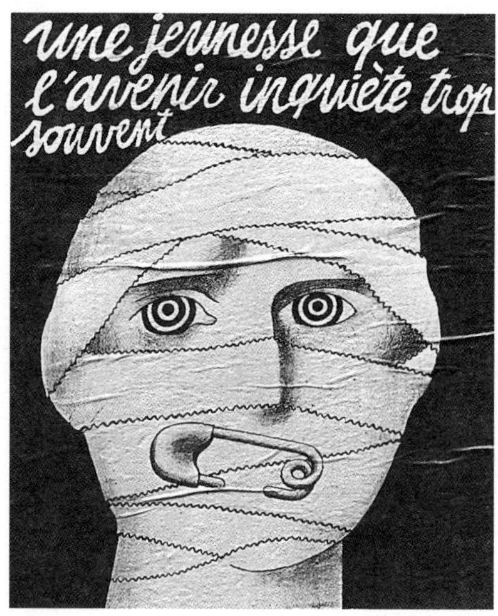

Résumés

La France contemporaine

La IVe et la Ve République

Malgré l'instabilité des gouvernements, la IVe République a favorisé la reconstruction politique et économique de la France. La Ve République a débuté en 1958 avec le retour au pouvoir du général de Gaulle.

La décolonisation

Après la Seconde Guerre mondiale, la France a perdu ses colonies. Certaines décolonisations se sont déroulées pacifiquement. En revanche, celles de l'Indochine et de l'Algérie ont donné lieu à des guerres meurtrières.

Les progrès scientifiques et techniques du XXe siècle

Depuis 1945, la France a connu une nouvelle révolution industrielle grâce à l'informatique. D'importants progrès ont été réalisés dans le domaine de l'énergie, de la médecine, des transports et de la conquête de l'espace.

La croissance puis la crise

De 1945 à 1975, durant les « Trente Glorieuses », la France a connu une forte croissance économique. Depuis le milieu des années 1970, le pays est touché par une grave crise économique, marquée par le chômage de nombreuses personnes.

La construction européenne

La France et l'Allemagne ont été les principaux moteurs de la construction européenne, depuis 1957. De nos jours, l'Union européenne compte 15 membres et est un espace de libre circulation pour les hommes et pour les marchandises.

Lexique

une abbaye : un endroit dans lequel vivent des religieux (des moines).

abdiquer : pour un souverain, renoncer au pouvoir, quitter ses fonctions.

l'abolition : la suppression, l'annulation.

une monarchie absolue : un pouvoir royal sans limite.

l'agriculture : la culture du sol et l'élevage des animaux.

anoblir : rendre noble.

un antisémite : une personne raciste à l'égard des Juifs.

un archéologue : un savant qui étudie les traces laissées par les hommes du passé.

un armistice : un accord entre des pays en guerre pour arrêter les combats et se préparer à signer la paix.

un artisan : une personne qui fabrique des objets avec des outils simples.

l'artisanat : la fabrication d'objets avec les mains ou des outils simples.

une assemblée constituante : un groupe de personnes chargées de rédiger une constitution.

une assemblée législative : une assemblée chargée de faire les lois.

l'autonomie : la situation d'un pays qui dispose de certaines libertés mais dépend d'un autre.

un bourgeois : au Moyen Age, un habitant des bourgs (des villes) ; à partir du XVIIIe siècle, un habitant des villes qui dispose de certaines richesses.

un camp de concentration : un camp dans lequel les personnes emprisonnées connaissent des conditions de vie effroyables (faim, froid, torture, travaux très durs...).

une capitale : la principale ville d'un pays, dans laquelle vit le roi ou les personnes qui dirigent ce pays.

capituler : reconnaître sa défaite face à l'ennemi.

un catholique : un chrétien qui reconnaît le pape comme chef de l'Église.

une charte : un accord qui donne des privilèges aux habitants d'une ville.

un château fort : un château entouré de remparts.

un chevalier : un guerrier qui combat à cheval.

un chrétien : une personne qui croit au christianisme.

le christianisme : la religion de ceux qui croient en Jésus (également appelé le Christ).

une civilisation : l'ensemble des façons de vivre, de penser, de s'organiser propres à un peuple.

le clergé : l'ensemble des personnes qui consacrent leur vie au culte.

la collaboration : la politique d'entente et de soutien menée par le gouvernement de Vichy vis-à-vis de l'Allemagne nazie.

un colon : un Européen qui habite dans une colonie et en exploite les richesses.

une colonie : un territoire occupé et administré par un État étranger.

les conditions de travail : les horaires de travail, les conditions de sécurité et de confort...

les congés payés : pour un salarié, des jours de vacances payés par son entreprise.

un conservateur : un défenseur des institutions du passé (au XIXe siècle, les conservateurs souhaitaient un retour à la monarchie absolue).

une assemblée constituante : un groupe de personnes chargées de rédiger une constitution.

une constitution : une loi ou un ensemble de lois qui définit les rapports entre ceux qui gouvernent et ceux qui sont gouvernés.

une monarchie constitutionnelle : un système politique dans lequel le pouvoir du roi est limité par une constitution.

convertir : convaincre quelqu'un d'adopter une religion.

un coup d'État : la prise du pouvoir par la force.

la Cour du roi : l'ensemble des personnes qui vivent dans l'entourage du roi.

les coutumes : les habitudes, les traditions.

la décolonisation : pour une colonie, le fait de devenir indépendante.

un régime démocratique : un système politique dans lequel le pouvoir appartient au peuple, qui nomme des représentants.

la déportation : l'exil d'un condamné.

une dictature : un régime politique dans lequel le pouvoir est concentré entre les mains d'un seul homme dont l'autorité est sans limites.

dissoudre une assemblée : renvoyer les députés.

une doléance : une plainte, une réclamation.

de droit divin : qui vient de Dieu.

un édit : une loi décidée par le roi seul.

une Église (avec une lettre majuscule) : un ensemble de chrétiens ayant les mêmes croyances.

une église (avec une lettre minuscule) : un bâtiment dans lequel les chrétiens pratiquent leur culte.

les élections législatives : l'élection des députés.

l'élevage : l'activité qui consiste à apprivoiser, nourrir et soigner des animaux.

une émeute : une révolte.

un empire : un pays et les territoires qu'il a conquis, généralement dirigés par un empereur.

un esclave : une personne qui appartient à un maître et n'est pas libre.

les états généraux : la réunion des représentants (des députés) des trois ordres (la noblesse, le clergé et le peuple) convoquée par le roi de France.

un évêque : un chef religieux chrétien responsable d'une région.

le pouvoir exécutif : le pouvoir chargé de faire appliquer les lois.

exiler : envoyer de force dans un pays étranger.

des fortifications : des palissades, des remparts ou des murailles destinées à protéger un château, une ville...

le front : la ligne des positions occupées par des armées ennemies.

un génocide : l'extermination systéun génocide : l'extermination systématique d'un peuple.

une grève : un arrêt de travail dans le but d'obtenir des réformes.

une guerre civile : une guerre entre les habitants d'un même pays.

un impôt : une somme d'argent que l'on verse à l'État.

l'indépendance : la situation d'un pays qui est libre, qui ne dépend pas d'un autre.

l'inflation : l'augmentation générale des prix.

l'instabilité ministérielle : le changement fréquent de gouvernements, de ministres.

l'islam : la religion enseignée par le prophète Mohammed (ou Mahomet). Ceux qui pratiquent cette religion sont appelés les « musulmans ».

le pouvoir judiciaire : le pouvoir chargé de rendre la justice.

laïc : indépendant de toute religion.

le pouvoir législatif : le pouvoir chargé de faire respecter les lois.

une assemblée législative : une assemblée chargée de faire les lois.

les élections législatives : l'élection des députés.

libéral : favorable aux libertés individuelles.

une loi : une règle que tous les habitants d'un pays doivent respecter.

une manufacture : un atelier dans lequel on fabrique des objets en grande quantité et à la main.

manuscrit : écrit à la main.

les médias : l'ensemble des moyens de communication qui permettent de transmettre l'information au grand public (presse, radio, cinéma, télévision, câble, publicité, téléphonie, télécopie…).

la métallurgie : le travail des métaux.

la métropole : la partie du territoire français qui se trouve en Europe.

une migration : le déplacement d'une population vers une nouvelle région, vers un nouveau pays.

la mobilisation : la constitution d'une armée.

une monarchie absolue : un pouvoir royal sans limite.

une monarchie constitutionnelle : un système politique dans lequel le pouvoir du roi est limité par une constitution.

une monarchie absolue : un pouvoir royal sans limite.

un monarque : un roi, un empereur.

un monastère : un endroit dans lequel vivent des religieux (des moines).

un monument : une construction intéressante.

une mosquée : un bâtiment dans lequel les musulmans prient.

les musulmans : les personnes dont la religion est l'islam.

une nationalisation : le fait que l'État devienne propriétaire d'une entreprise.

un nationaliste : une personne favorable à la nation à laquelle il appartient, à sa langue, ses coutumes, sa liberté ; par extension, ce terme désigne aussi les personnes qui, au nom des mêmes principes, tentent d'exclure ceux qui n'appartiennent pas à cette nation.

le niveau de vie : le degré de richesse d'une catégorie de personnes.

la noblesse : l'ensemble des nobles.

nomade : qui n'a pas d'habitation fixe et se déplace sans cesse.

un notable : une personne qui a une position importante dans la société.

un ordre : sous la monarchie absolue, l'une des trois parties de la société (le peuple ou tiers état, la noblesse et le clergé).

le parlement : au Moyen Age, le tribunal royal ; depuis la Révolution, assemblée des députés chargés de voter les lois.

un régime parlementaire : un régime politique dans lequel les assemblées ont plus de pouvoir que l'exécutif.

la patrie : le pays où l'on est né.

le patriotisme : l'amour que l'on porte à son pays, à sa patrie.

un pèlerinage : un voyage vers un lieu saint, effectué pour des raisons religieuses.

persécuter : maltraiter quelqu'un sans relâche et de manière cruelle.

un philosophe : un penseur qui réfléchit sur la manière d'organiser la société.

un plébiscite : un vote demandé par un homme politique pour prouver qu'il a le soutien massif de la population.

populaire : aimé par le peuple.

le pouvoir d'achat : la quantité de biens et de services que quelqu'un peut acheter en fonction de son revenu.

un privilégié : une personne qui bénéficie d'avantages.

la productivité : la quantité produite par rapport au travail fourni.

un prophète : une personne qui parle au nom d'un dieu.

la prospérité : une période d'enrichissement.

le racisme : le comportement de ceux qui pensent que certaines personnes sont supérieures à d'autres du fait de leurs origines.

un référendum : un vote au cours duquel il faut répondre par oui ou par non à une question.

une régence : une période durant laquelle le pouvoir royal est confié à une personne, parce que le roi n'est pas capable de régner (par exemple, quand il est trop jeune).

un régime politique : la forme de gouvernement d'un État.

religieux : qui a rapport à la croyance en un ou plusieurs dieux.

une république : un régime politique dans lequel le pouvoir n'appartient pas à une seule personne et n'est pas héréditaire (par opposition à la monarchie).

les résistants : pendant la guerre, les hommes et les femmes qui luttaient clandestinement pour libérer la France et vaincre l'Allemagne.

les royalistes : les partisans du roi, ceux qui souhaitent son retour.

sacrer : confirmer le pouvoir d'un roi par un évêque ou le pape lors de la cérémonie du sacre.

un salarié : une personne qui travaille de manière régulière dans une entreprise et reçoit un salaire.

sédentaire : qui a une habitation fixe (par opposition à nomade).

un seigneur : un noble qui détient des pouvoirs sur un domaine.

le siège d'une ville : l'encerclement d'une ville par une armée pour obliger les habitants à se rendre.

un site : pour les archéologues et les historiens, un endroit riche en vestiges du passé.

les socialistes : les hommes qui veulent supprimer les inégalités sociales en transformant profondément la société.

le suffrage universel : le système qui accorde le droit de vote à tous les citoyens.

un syndicat : une association de travailleurs qui s'unissent pour défendre leurs droits.

une trêve : un arrêt provisoire des combats.

le troc : l'échange d'un objet contre un autre (à l'inverse du commerce, dans lequel on échange un objet contre de l'argent).

des vestiges : des traces du passé.

le droit de veto : le droit de refuser, de s'opposer à une décision.

TABLE D'ILLUSTRATIONS

17	ph © J.G. Berizzi/ RMN, Paris
19-2	ph © C. Pouedras / Eurelios
20-1hg	ph © cliché J. Oster/coll. Musée de l'Homme, Paris
20-1hm	ph © cl Hatala/coll. Musée de l'Homme, Paris
20-1hd, bg	ph © coll. Musée de l'Homme, Paris
22	ph © J. Oster / Coll. Musée de l'Homme, Paris
24, 26	ph © Jean Vertut
27	ph © Dagli Orti
28-1h	St Germain en Laye, MAN ph © RMN / J. Schormans
28-1hd	ph © J. Vertut
28-1b	St Germain en Laye, MAN ph © Josse
29-2, -3	ph © Charavines ,Cliché A. Bocquet / CDPA
29-4	Charavines ph © Cliché Musée de la Civilisation gallo-romaine, Lyon / CDPA
30	ph © Claude Huyghens
32-1	ph © Joe Cornish / Fotogram-Stone
32-2	ph © J. Labbé / Pix
34-1hm	St Germain en Laye, MAN ph © G. Poncet / RMN
34-1mm	St Germain en Laye, MAN ph © Josse
34-1g	ph © Cliché B. Hatala/Coll Musée de l'Homme, Paris
34-1d	Le Faouêt Morbihan ph © Loic Hamon
36-1	ph © RMN, Paris
36-2	ph © Lauros-Giraudon
37-3	ph © Dagli Orti
38-1	ph © RMN, Paris
38-2	ph © cliché Jean Oster/Coll. Musée de l' Homme, Paris
38-3	ph © G. Blot/RMN, Paris
38-4	ph © Cliché B. Hatala/Coll Musée de l'Homme, Paris
38-5	ph © RMN, Paris
38-6, -7	ph © Cliché B. Hatala/Coll Musée de l'Homme, Paris
38-8	ph © H. Josse
39	ph © Lewandowski/RMN
40-1	ph © Giraudon
40-2	ph © Bridgeman-Giraudon
41-3	ph © Chuzeville/RMN, Paris
42-2	Tombe de Sennedjem fresque, Der el Medina, Thèbes ph © AKG Photo, Paris
43-3	ph © S. Studd / Fotogram-Stone Images Paris
43-4	ph © A. Rosario / The Image Bank
44-3	ph © Bibliothèque nationale de France, Paris/Archives Hatier
45-4h, g, b	ph © Bibliothèque nationale de France, Paris/Archives Hatier
46-1	ph © Dagli Orti
48	Architecte Pei ph © Stephen Johnson/Fotogram -Stone
49	ph © Dagli Orti
50-1	ph © Giraudon
51-5	St Germain en Laye, MAN
52-1	ph © Musée Gaumais,Belgique
53-3hm	Paris,BN de France ph © Archives Hatier
53-hd	St Germain en Laye , MAN ph © G. Blot / RMN
53-3g, b	St Germain en Laye, MAN ph © Photo RMN
56-1	ph © H. Champollion / Agence Top
56-2	Rome, Musée de la Civilisation romaine ph © Scala
59-2	ph © Mopy / Rapho
59-3	ph © H. Champollion / Agence Top
60-2	Barcelone, Musée Archiépiscopal ph © AKG photo, Paris
61-3	ph © L. Giraudou/Explorer
62	© 2000 LES EDITIONS ALBERT RENE / GOSCINNY -UDERZO
63	ph © T. Schneiders/Artéphot
65	Madrid, Bibliothèque du Monastère de L'Escorial ph © Oronoz / Artéphot
66-1-h	St Germain en Laye, MAN ph © J.G. Berizzi / RMN
66-1-g	ph © Museum Burg Linn, Krefeld
66-1-m	St Germain en Laye, MAN ph © Josse
66-1-d	St Germain en Laye, MAN ph © J.G. Berizzi / RMN
66-1b	ph © Archives Hatier
67-2-h	St Germain en Laye, MAN ph © G Blot / RMN
67-2-b	Paris, BNF ph © Archives Hatier
67-2-h, bd	Paris, Musée du Louvre ph © Arnaudet / RMN
67-2m, d	St Germain en Laye, MAN ph © G. Blot / RMN
67-3-g	St Germain en Laye, MAN ph © Lewandowski / RMN
67-3-m	St Germain en Laye, MAN ph © J.G. Berizzi / RMN
67-3-d	St Germain en Laye, MAN ph © RMN
68-1	ph © Dagli Orti
70-1	ph © Edinburgh University Library
70-2	ph © Bibliothèque nationale de France, Paris/Archives Hatier
71-3	ph © RMN, Paris
72-1	ph © Dagli Orti
73-3	ph © Giraudon, Paris
73-4	ph © Bibliothèque nationale de France, Paris/Archives Hatier
74-1, -2	ph © Centre Guillaume le Conquérant, Bayeux
75-3, -4	ph © Centre Guillaume le Conquérant, Bayeux
75-5	ph © Centre Guillaume le Conquérant, Bayeux
76	Paris, BNF ph © Archives Hatier
77, 78-1, 79	ph © Bibliothèque nationale de France, Paris/Archives Hatier
80-1	ph © Bibliothèque royale Albert Ier, Bruxelles
80-2	ph © Bibliothèque nationale de France, Paris/Archives Hatier
80-3, 81-4	ph © Scala

81-5 ph © Archives nationales , Paris/Archives Hatier
81-6 ph © Dagli Orti
83-2 ph © Bibliothèque nationale de France, Paris/Archives Hatier
83-3 ph © Jean Vigne
84-2 ph © Bibliothèque nationale de France, Paris/Archives Hatier
84-bd ph © Bridgeman-Giraudon
84/85 ph © Sioen/Rapho
85-3 Paris, Musée du Petit Palais ph © Bulloz
85-4 ph © Lauros-Giraudon
85-mg ph © Bibliothèque nationale de France, Paris/Archives Hatier
85-md ph © Bibliothèque nationale de France, Paris/Archives Hatier
86-1 ph © Lauros-Giraudon
86-2 ph © Chantilly, Musée Condé/Lauros-Giraudon
87-4 ph © H. Josse
87-5 ph © Bibliothèque nationale de France, Paris/Archives Hatier
88-1 ph © Roy/Explorer
88-2 ph © Van Berg/The Image Bank
89-3 ph © J Vigne
90, 91-2 ph © Bibliothèque nationale de France, Paris/Archives Hatier
93, 94-1, -2 ph © Bibliothèque nationale de France, Paris/Archives Hatier
95-3 ph © Bibliothèque nationale de France, Paris/Archives Hatier
96-1 ph © Giraudon
97-3 ph © Bibliothèque nationale de France, Paris/Archives Hatier
97-4 Chantilly, Musée Condé ph © Giraudon
98-1 ph © Bridgeman/Giraudon
99-4 ph © Bibliothèque nationale de France, Paris/Archives Hatier
100-1 Chantilly, Musée Condé ph © Giraudon
101-5 ph © Bibliothèque nationale de France, Paris/Archives Hatier
102-1 ph © Bibliothèque nationale de France, Paris/Archives Hatier
103-3 ph © Musée de la Monnaie, Paris
103-4 ph © Bibliothèque nationale de France, Paris/Archives Hatier
103-5 ph © Giraudon
104 ph © Bibliothèque nationale de France/Archives Hatier
105 ph © Zentralbibliothek, Lucerne
106-1 ph © H. Josse
106-2, 107-3 ph © Bibliothèque nationale de France, Paris/Archives Hatier
107-4, -5 ph © Bibliothèque nationale de France, Paris/Archives Hatier
108-1 ph © Ministère de la Défense-Service Historique de l'Armée de Terre ph © Giraudon
109-5 ph © Giraudon
110-1 ph © H. Josse
111-2 ph © Bibliothèque de l'Institut de France, Paris/Giraudon
111-3 ph © Bibliothèque nationale de France, Paris/Archives Hatier
111-4 ph © H. Josse
112-1 ph © Gérard Sioen/Rapho
112-2 ph © Lonchampt-Delehaye/CNMHS
112/113 ph © Rozencwajg/Diaf
113-3 ph © Dagli Orti
113-4 ph © Chuzeville/RMN, Paris
114-1 Chantilly, Musée Condé ph ©J. Vigne
114-2 ph © Jean Vigne
115-3 ph © H. Josse
117 ph © Lewandowski/RMN, Paris
118 ph © Giraudon, Paris
119 ph © H. Josse
120/121 ph © Richer/Hoa Qui
120-1 ph © RMN, Paris
120-bg ph © Blot/RMN, Paris
121-2 ph © Blot/RMN, Paris
121-m ph © Blot/RMN, Paris
122-1 ph © Vaisse/Hoa Qui
122-2, -3 ph © H. Josse
123-4 ph © Archives Hatier
124-1 ph © H. Josse
125-3 ph © Lewandowski/RMN, Paris
126-3, 127-4 ph © Bulloz
128-1d ph © Gérard Blot/RMN, Paris
128-1g ph © Josse
128-2 ph © Photothèque des Musées de la Ville de Paris/Archives Hatier
129-3 ph © Peter Newark's American Pictures
130 ph © Josse
131 ph © Bulloz
132-1g, d ph © Archives Hatier
132-2g, d ph © Archives Hatier
133-3 ph © Josse
133-4g, g ph © Archives Hatier
134 ph © Giraudon
135 ph © Josse
136 ph © Bulloz
137-3 ph © Bulloz
137-4 ph © Lauros Giraudon
138 ph © Lauros Giraudon
139-3 ph © Josse
139-4 ph © Josse
140-1 ph © Bulloz
140-2 ph © Josse
141-3 ph © Giraudon
141-4 ph © Edimédia
141-5 ph © Flammarion-Giraudon
142-1 ph © Bulloz
143-2 ph © RMN, Paris
144-1, -2 ph © J.L. Charmet
145-4 ph © J.L. Charmet
145-5 ph © Giraudon
147 ph © Lauros-Giraudon
148-1 ph © Bulloz
148-2 ph © Bibliothèque nationale de France, Paris/Archives Hatier
149-3 ph © Collection Viollet/Archives Hatier

149-4 ph © Giraudon/Archives Hatier
149-5 ph © J.L. Charmet
150-2 ph © Josse
151-3 ph © L'Illustration/Sygma
151-4 ph © Josse
152-1 ph © Ecomusée de la Communauté urbaine Le Creusot Monceau Les Mines/cliché Daniel Busseuil
153-3, 154-1 ph © Josse
155-3 ph © Josse
156-1 Musée de la ville de Paris, Musée Carnavalet ph © Lauros-Giraudon
156-2 ph © Collection Viollet
156-d ph © J.L. Charmet
156-3 ph © Roger Viollet
156-4 ph © Roger-Viollet
156-5 ph © Josse
159 ph © J.L. Charmet
160-1 ph © Roger Viollet
161-h ph © Musée Marmottan, Claude Monet, Paris-Giraudon by Adagp, Paris, 2000
161-m ph © Giraudon
161-b « Marie Thérèse assise » par Pablo Picasso© Succession Picasso, Paris, 2000. Ph © Giraudon
162 ph © Collection Viollet
163 Musée de la Ville de Paris, Musée Carnavalet ph © Lauros-Giraudon
164-1 ph © Archives Larousse-Giraudon
164-2, 165-3 ph © I.N.R.P., Musée National de l'Education, Rouen
165-3 ph © I.N.R.P., Musée National de l'Education, Rouen
166-1 ph © Edimédia
167-3 ph © Giraudon/Archives Hatier
167-4 ph © D.R./Lauros-Giraudon
167-5 ph © Collection Viollet
167-6 ph © Archives Larousse/Giraudon
169-2 ph © Édimédia
170-1, 171-3 ph © Kharbine Tapabor
172 Archives Hatier
173 ph © Roger Viollet
174 ph © Explorer Archives/Archives Hatier
175-2 © L'Humanité, 1920/Archives Hatier
175-4 ph © Kharbine Tapabor
176 ph © AKG
177 ph © Moreau/Archives Larousse/Giraudon
178-1 ph © Giraudon. © By Adagp, Paris, 2000
178-2 ph © Edimédia
179 ph © Collection Viollet
180-1 Bibliothèque Forney, Paris Photo Archives Hatier
180-2-g ph © Moreau/Archives Larousse/Giraudon
180-2d ph © Patrick Lorette/Giraudon
181-3-g, -g ph © Roger Viollet
181-4 ph © Edimédia
181-5 ph © Keystone
182-1 ph © RIA-Novosti, 2000
182-3 ph © Agence Novosti
183-4 ph © Collection Viollet/Archives Hatier
183-6 ph © Keystone
184-1, -2 ph © Lapi-Viollet
185 ph © Lapi-Viollet
186-1 ph © Roger Viollet
187-2 ph © Collection Viollet
187-3 ph © Édimédia
188 ph © Keystone
189 ph © Annebicque/Sygma
190-1 ph © L'Illustration/Keystone/Sygma
191-3hg, hm,hd ph © Alain Gesgon/Cirip
191-3bd, bg ph © Alain Gesgon/Cirip
192-1 ph © Edimédia
193-4 ph © Keystone
194-1 ph © Pitchal/Sygma
195-3 ph © Raguet/Eurelios
195-4 ph © Tiziou/Sygma
196 ph © Edimédia
197-3 ph © Bruno Barbey/Magnum
197-4 ph © Giry/Sygma
198 ph © L'Illustration/Keystone
199 ph © Commissions Européennes
199-4 ph © Bossu/Sygma
200-1, -2 ph © Roger Viollet

Achevé d'imprimer par CLERC S.A. - BP 197 - 18206 St-Amand Cedex - Dépôt légal n° 15398 - Février 2003